ミネルヴァ日本評伝選

西　周

兵馬の権はいずこにありや

清水多吉著

ミネルヴァ書房

刊行の趣意

「学問は歴史に極まり候ことに候」とは、先哲荻生徂徠のことばである。

歴史のなかにこそ人間の智恵は宿されている。人間の愚かさもそこにはあらわだ。この歴史を探り、歴史に学んでこそ、人間はようやくみずからの正体を知り、いくらかは賢くなることができる。新しい勇気を得て未来に向かうことができる。徂徠はそう言いたかったのだろう。

「ミネルヴァ日本評伝選」は、私たちの直接の先人について、この人間知を学びなおそうという試みである。日本列島の過去に生きた人々の言行を、深く、くわしく探って、そこに現代への批判を聴きとろうとする試みである。日本人ばかりではない。列島の歴史にかかわった多くの異国の人々の声にも耳を傾けよう。

先人たちの書き残した文章をそのひだにまで立ち入って読み、彼らの旅した跡をたどりなおし、彼らのなしとげた事業を広い文脈のなかで注意深く観察しなおす――そのとき、はじめて先人たちはいまの私たちのかたわらによみがえってくる。彼らのなまの声で歴史の智恵を、また人間であることのよろこびと苦しみを、私たちに伝えてくれもするだろう。

この「評伝選」のつらなりのなかから、列島の歴史はおのずからその複雑さと奥ゆきの深さをもって浮かび上がってくるはずだ。これを読むとき、私たちのなかに新たな自信と勇気が湧いてきて、その矜持と勇気をもって「グローバリゼーション」の世紀に立ち向かってゆくことができる――そのような「ミネルヴァ日本評伝選」にしたいと、私たちは願っている。

平成十五年（二〇〇三）九月

上横手雅敬
芳賀　徹

西周肖像

（高橋由一筆：津和野町郷土館所蔵）

『百一新論』表紙

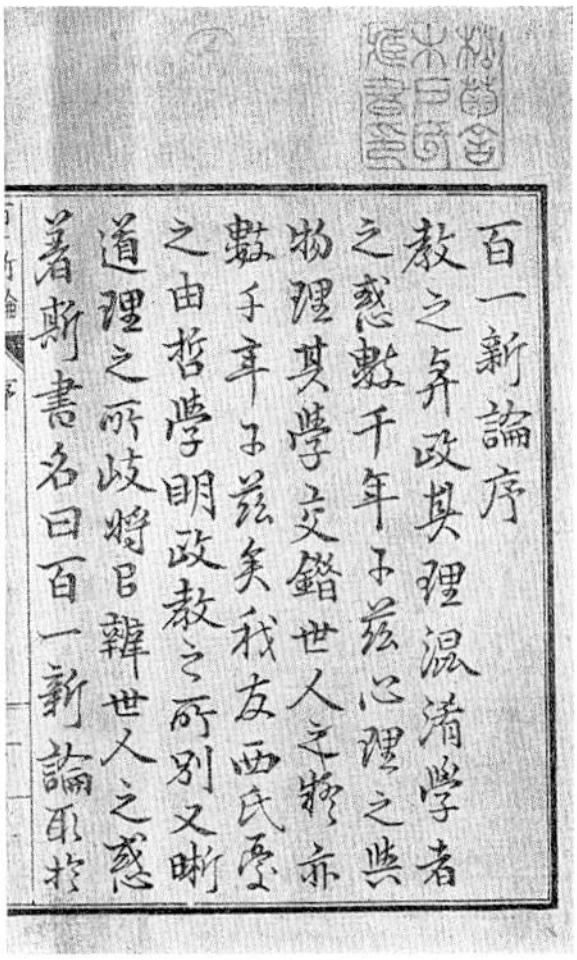
百一新論序
教之與政其理混淆學者
之惑數千年于茲心理之與
物理其學交錯世人之惑亦
數千年于茲矣我友西氏憂
之由哲學明政教之所別又晰
道理之所岐將以辨世人之惑
著新書名曰百一新論取於

『百一新論』「序」冒頭

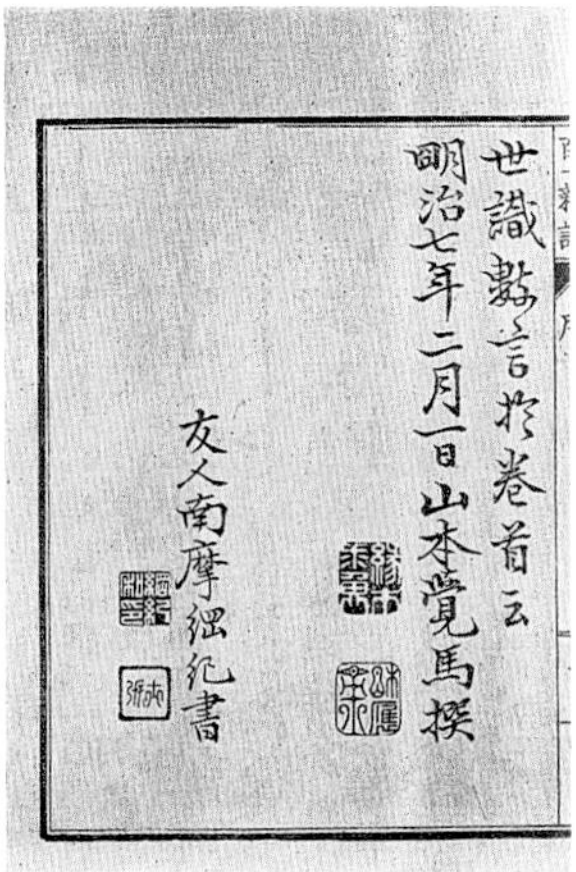
世識數言於卷首云
明治七年二月一日山本覚馬撰
友人南摩綱紀書

『百一新論』「序」末尾
山本覚馬と南摩綱紀の名がある

オランダ留学時代の西周

（『西周全集』一巻より）

津和野城跡（島根県鹿足郡津和野町後田）

はしがき

これまでも、『百一新論』あるいは『明六雑誌』掲載の諸論文を中心として、明治初期の啓蒙思想家西周《にしあまね》の思考性については、かなりの論考があった。しかし、西周は、同時に参謀本部の第三課長（欧亜課）でもあった。もちろん、西周のこの側面だけの論考も、第二次大戦以前にはかなりあった。しかし、「哲学」と「軍事」という、一見、水と油の関係の両者をともに論じた論考は、これまでに無かったように思われる。お読みいただければ分かるように、拙著では、論じ難い両者の関係を通して論じてみた。

だが、論じにくい両者の関係を通して論じてみたというだけでは、読者諸賢に訴える著者の意図としては消極的にすぎる。筆者の積極的意図は、西周の軍事思想にも啓蒙的意図が貫かれていたことを聞いていただきたかった点にある。「従命法」を軍事組織の中核に据えながらも、下士官、一般兵卒、なかんずく一般兵卒に至るまでの「異議申し立て権」を認めた点がそれである。

「従命法」は軍事組織のみならず、およそ官僚組織とよばれるものの根幹であろう。西周の生きた時代は、封建社会から近代社会への過渡期の時代であった。言葉は同じ「従命法」でも、封建社会の

ものと、近代社会のものとは内容が違う。しかし、本文の中で詳しく述べておいたように、近代社会においても封建社会の「従命法」の内容的残滓《ざんし》は生きている。上のまた上からの抽象的命令に従うか、それともそんな抽象的命令は命令として聞き流し、具体的には独断専行の行動をとるかは、時と場合によるだろう。

啓蒙家西周は、明治三年兵部省、明治五年陸軍省、明治七年参謀局、明治一一年参謀本部へ出仕して以来、中風のため明治一九年参謀本部出仕を免ぜられるまで、長きにわたり、初期の軍事組織の中にあって、西南戦争、竹橋騒動等を観察してきた。もちろん、参謀本部第三課長としての西周は、これらの内乱、反乱を表立って是認するわけにはゆかない。しかし、本文をお読みいただければ分かっていただける通り、西周は、これらの諸事件を何が何でも全面否定しようとしていたわけではない。その集約的表現が、先ほどから述べてきているように、「一般兵卒に至るまでの異議申し立て権」の設定である。不幸なことながら、西周のこのような意図が当時の新生日本陸軍内で認められることはなかった。いや、当時の新生日本陸軍のみならず、当時の先進国軍隊においても同じようであった。軍隊内の「一般兵卒の異議申し立て権」が問題となってくるのは、第二次大戦においてであり、具体的法制化への動きが見え始めるのは、二〇世紀も後半に入ってからのことである。

二足の草鞋《わらじ》をはいていた西周は、その時々に、自分の立場に、「たじろぎ」「うろたえ」「口ごもって」いる。二足の草鞋どころか、多くの草鞋をはかなければ生きてゆけないのが、複雑な社会を生きるわれわれの姿だろう。だが、筆者を含めて多くの現代人は、そのことに「たじろぐ」ことなどしは

しない。相矛盾した哲学諸思想を前にしても、「従命法」か「異議申し立て権」かという相矛盾した軍律のあり方を前にしても、西周は「たじろいで」いる。こと軍事問題に関しては、西周の「たじろいだ」問題の一つが、やがて二〇世紀以降の世界的潮流になってきていることを思えば、西周の「たじろぎ」の姿勢を高く評価したい——これが偽らざる筆者の積極的な西周観である。

西周——兵馬の権はいずこにありや　目次

目　次

図版写真一覧

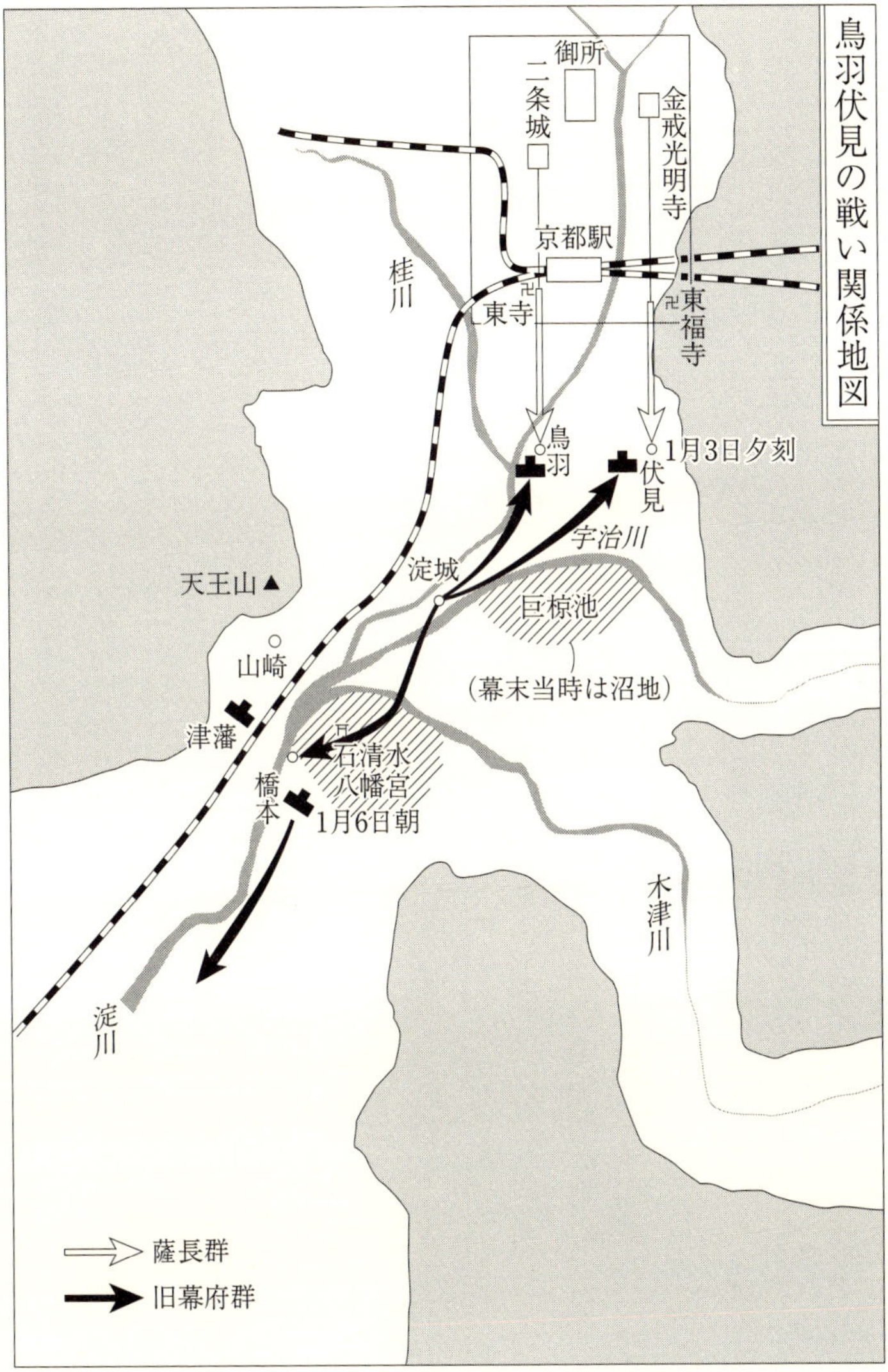
鳥羽伏見の戦い関係地図
御所
二条城
金戒光明寺
京都駅
桂川
東寺
東福寺
鳥羽
1月3日夕刻
伏見
宇治川
淀城
天王山
巨椋池
（幕末当時は沼地）
山崎
津藩
石清水八幡宮
橋本
1月6日朝
木津川
淀川
薩長群
旧幕府群

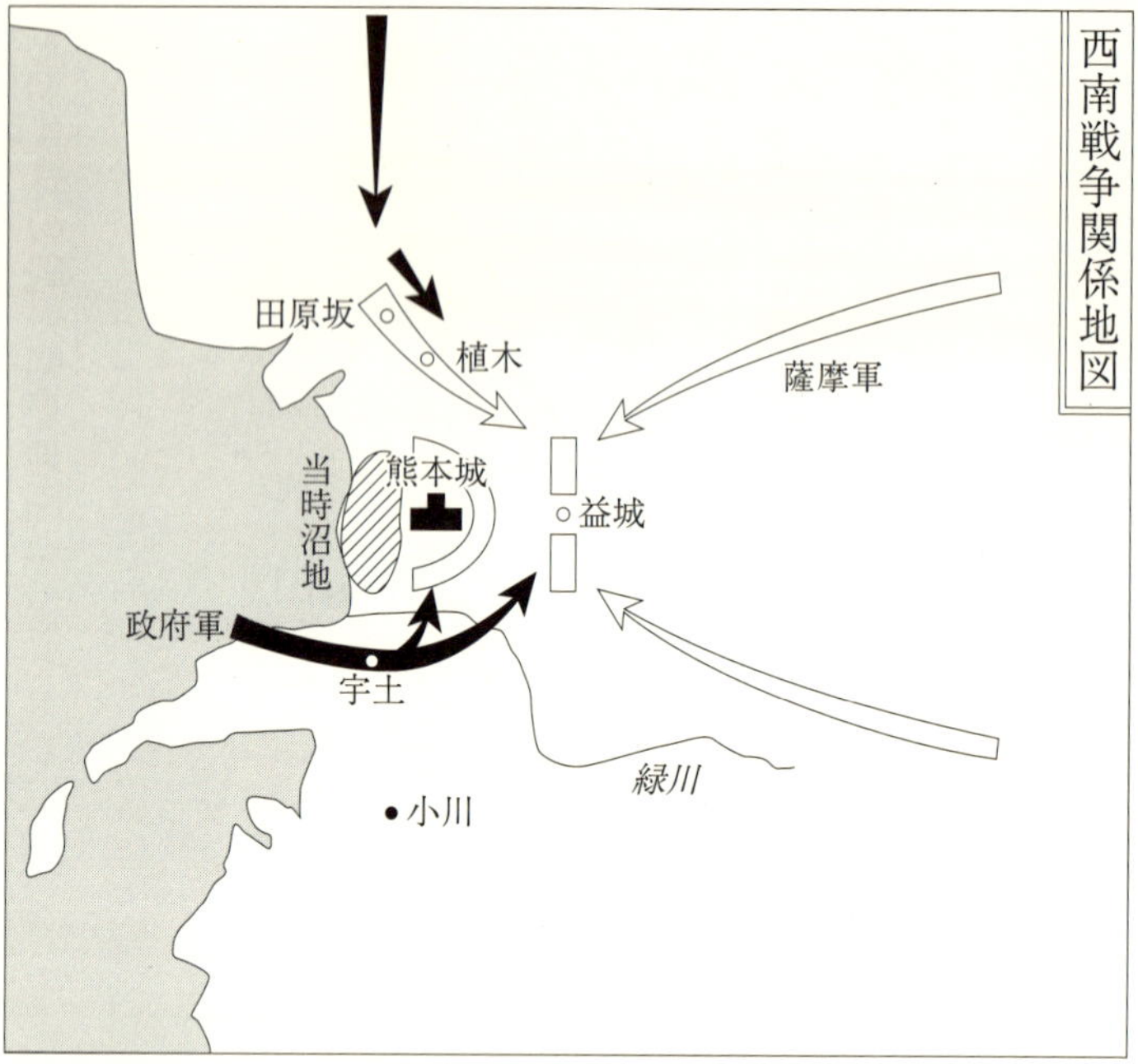

・明治10年３月から４月中旬。
・政府軍，黒田清隆軍４ヶ旅団で小川，宇土占領。
・別個第二旅団（山川浩中佐）は命令を無視して熊本城救済のため北進。

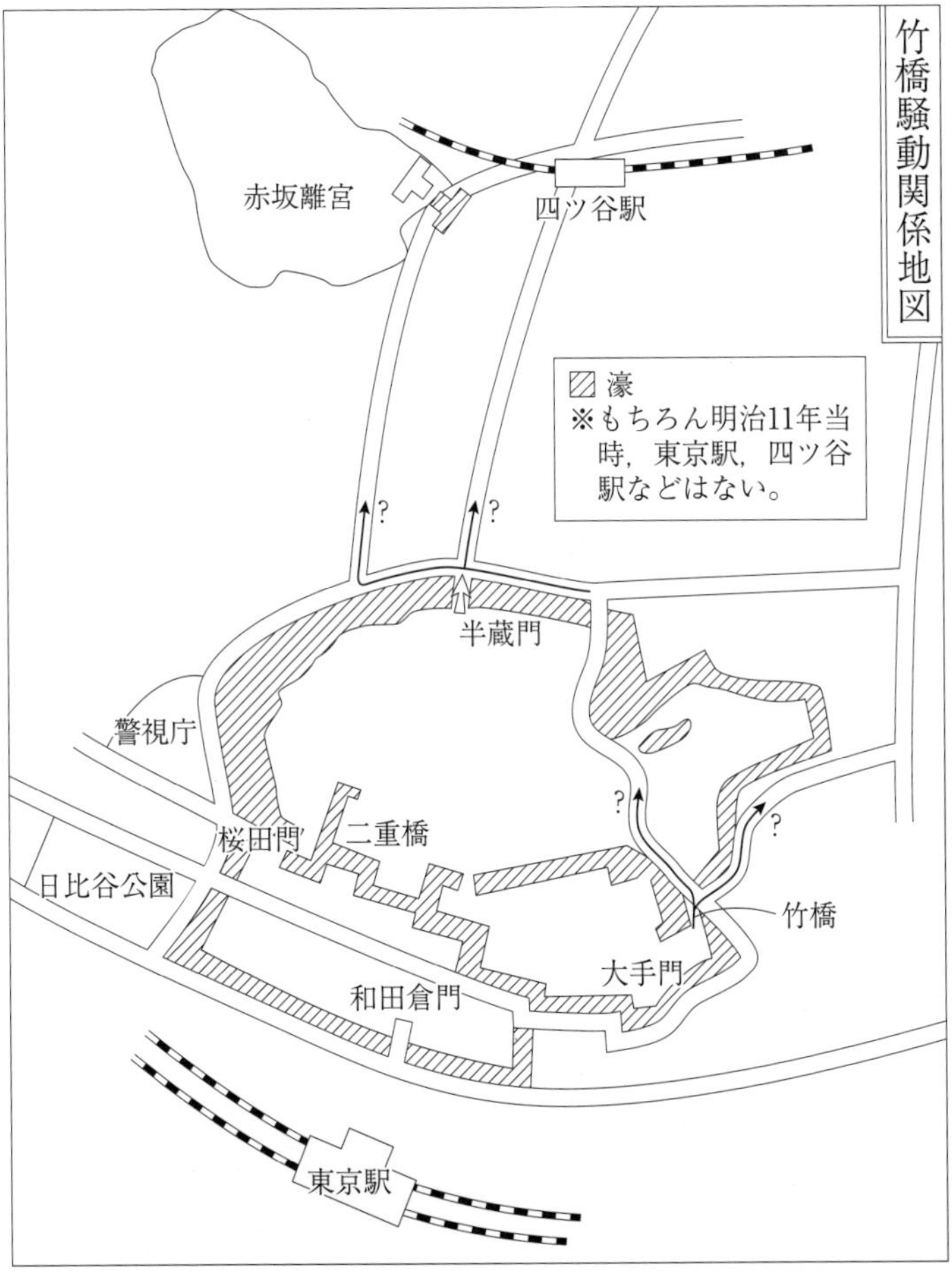
竹橋騒動関係地図
濠
※もちろん明治11年当時，東京駅，四ツ谷駅などはない。
赤坂離宮
四ツ谷駅
?
?
半蔵門
警視庁
桜田門
二重橋
日比谷公園
?
?
竹橋
大手門
和田倉門
東京駅

第一章　オランダ留学から幕府目付へ

1　オランダ留学前史

写真の中の人間関係

ここに焦点のあまりあっていない一枚の古ぼけた写真がある。文久二（一八六二）年九月、幕府がオランダに派遣した留学生たちの写真である。おそらく、大学町のライデンあたりの写真館で撮ってもらったものであろう。前列右から西周助《にししゅうすけ》（明治二年以降、周助を改めて周《あまね》と名乗るようになる）、赤松大三郎、肥田浜五郎、沢太郎左衛門であり、後列右から津田真道《つだまみち》、布施弦太郎、榎本武揚、林研海、伊東玄白である。仲良く写真におさまっているこの九人の運命は、帰国後、日ならずして幕末動乱に翻弄され大きく食い違ったものになり、その後、明治政府に出仕して再び一つの枠に収まることになる。

ちなみに付け加えるなら、前列右端の西周助は森鷗外の大伯父筋にあたり、次の赤松大三郎（則《のり》

幕府からオランダに派遣された留学生たち
（前列右端が西周）

良《よし》）の娘登志子が鷗外の最初の妻となる。鷗外の最初の結婚は西周助の斡旋によるものであり、式には主賓として榎本武揚が招待されたという。しかし、このような人間関係を重圧と感じたものか、一児（於菟《おと》→後、東邦大学医学部教授）までもうけながら、鷗外は赤松の娘登志子と離婚してしまう。面子を潰された西周助は、一時、鷗外と義絶する。だが、それはもっと後の話（明治二三年）であり、結局、鷗外は西周助の正伝とでも言うべき『西周伝《にしあまねでん》』を書き残すことになる。なお、写真後列の林研海の弟紳六郎が、後、西周の養子となることも付け加えておこう。

写真の中の人間関係は今しばらく脇におくとして、次にこの時代の幕府の動向と幕末動乱までの問題点を追ってみよう。ここに映っているそれぞれの帰国は、バラバラであった

ようである。西周助は一足早く慶応元（一八六五）年一二月二八日、フランス郵船で横浜に帰り着いている。榎本武揚以下の面々の帰国はしばらく遅れる。それは幕府発注の軍艦「開陽丸」の完成を待っていたからである。「開陽丸」は、幕府が威信にかけて建造を依頼した東洋一の巨艦である。総トン数二八一七トン、砲二六門搭載《とうさい》のこの巨艦は、幕末の戦いで薩長の敵艦を圧倒し、箱館の戦いにおいて江差沖で座礁するまで、幕府軍あるいは榎本軍の誇りであった。今に、復元されたその雄姿を江差港に見ることができる。榎本武揚や沢太郎左衛門らは、完成した「開陽丸」をオランダ政府から受けとり、この巨艦を操船しつつ、慶応三（一八六七）年三月二六日、横浜港に帰港したのである。幕末の戦いまであと一〇ヶ月という時期であった。

文久二年のオランダ留学組の帰国がバラバラであったのは、この留学組の目的がそれぞれ違っていたからである。西周助らの修学の目的は制度、文物の修得であって、技術習得が目的ではなかった。このグループは西周助と津田真道がその代表である。彼らはライデン大学のフィセリング教授の下で、主に西洋近代の法と制度を学ぶ。その結果、西周助の『萬国公法』、津田真道の『泰西国法論』の出版という成果を得る。フィセリング教授の講義録であり、両者とも慶応四年の出版である。それに林研海（後、陸軍軍医本部長、妹たつは榎本武揚の妻、弟紳六郎は西周助の養子）らの医学修得組も混在していた。榎本武揚らの軍事技術修得組と合せると三つのグループの混成留学組であったことになる。

幕末の時代状況

さて、そのような目的をもって留学した西周助が帰国した慶応元年末とは、どんな状況であったのであろうか。この年五月、幕府は第二次長州征伐を決定してい

た。しかし、長州征伐は決定しても諸藩は動かず、幕府の財政難もあって、なかなか軍事行動を起しえないでいる時期であった。西周助らが帰国した一ヶ月後の慶応二年一月末には、討幕のための薩長同盟が成立している。いよいよ幕府軍が軍事行動を起してみると、例えば西周助の出身藩である津和野藩などは、秘かに長州藩と友好密約を結んでいる有様であった。しかし、もともと津和野藩の脱藩者であり、蕃書調所にようやく職を得ていた西周助にとって、長州征伐も、津和野藩の密約も関係のないことであった。西周助がようやく蕃書調所に職を得ることができたのには、実は涙ぐましい努力というべきか、悪く言えばあがきのような努力があった。

あの嘉永の開国以来、特に西日本の諸藩では蘭学を志す青年が数多く立ち現われていた。それらの青年たちの中から、藩の絆《きずな》を断ち切り、より広い知識を得たいと願い、脱藩してでも江戸や京、大坂、特に江戸に出ようとする者が多く立ち現われるようになっていた。各藩の藩校教育では到底開国の時代の知識には追いつかないと肌身で感じられるような時代になっていたからである。当時の江戸には、長崎や京、大坂以上に、兵学、医学を中心に蘭学者、洋学者の私塾が多く集まっていた。特に安政三(一八五六)年、幕府が蕃書調所を設立するや、ここは教育機能も兼ね備えていたので、ますます好学の青年たちを引き寄せるようになった。

好学の青年たちとは言ったが、実際は各藩の許しを得て出府してきた者か、江戸詰めの諸藩士でもなければ、江戸での勉学は不可能であった。そうでなければ脱藩して江戸に出るより仕方がなかった。ただし、脱藩は当時犯罪であったし、脱藩に成功しても生活が成り立たない。これらの悪条件を克服

して脱藩し、江戸に出て知識を得ても、元の藩に戻って知識を役立てることができるわけではなかった。結局、藩の許可を得ての江戸行きでなければ、帰藩など不可能であった。とすれば、脱藩者は運よく幕府に取り立てられるか、他藩の低い陪臣にもぐり込むかする以外に生きる道はなかった。したがって、好学の青年の脱藩などということは、人生の一大バクチのような行動であったということができる。西周助はそのような脱藩好学の青年の一人であった。しかもその語学力によって蕃書調所の「教授手伝並」に取り立てられたのであるから、一大バクチに勝った男の一人ということになる。「教授手伝」とは現代の呼称でいうなら「准教授」ということであり、更に「並」が付いているので「准教授」の下の「講師」か「助手」ということであろうが、れっきとした「幕臣」であることに間違いはない。ただ、西周助に代表されるこのような一群の青年たちを好学の士と見るか、好学をネタにした立身出世の徒と見るかは意見の分かれるところであろう。しかし、好学の志と立身出世の願いとが両立しうる時代に入ったことだけは確かである。

西周助の生い立ち

もともと西周助は山陰の小藩津和野藩（四万三千石）の出身である。西家の父時義は食禄百石を賜っていた藩医であり藩儒でもあった。親戚の森家（やがて森鷗外を生む）が五〇石であったそうであるから、当時の家格は西家の方が上ということになろうか。長ずるに及んで秀才の誉れ高かった周助は、藩校養老館教師として家禄とは別口に俸二口、大書院進読とやらで俸三口も貰っていたのであるから、そのまま津和野に留まっていれば安穏《あんのん》な生活は送れたろうと思われる。だが、周助二五歳の嘉永六（一八五三）年、全国を引っ繰り返すような大騒動が持

西周の生家

ちあがった。この年の六月、アメリカの東インド艦隊司令長官ペリーが軍艦四隻を伴って浦賀に来航し、アメリカ大統領フィルモアの国書を幕府に提出し、その返答を来年に求めて去って行ったのである。この事件は幕府のみならず全国各藩を蜂の巣をつついたような騒動に巻き込んだ。この時に当たって、津和野藩も時代の趨勢に乗り遅れないために、優れた藩士数名を江戸に派遣し、多くのことを学ばせようとしたという。周助もその一人に選ばれ、江戸に出てオランダ語や数学などを必死になって学んだそうである。しかし、周助、この時、二〇代半ば、幕末に大望を抱いた青年としては、決して若くはない。年齢的にも別な生き方のできる最後のチャンスだったのではあるまいか。周助は迷ったはずである。

脱藩、手塚律蔵との出会い

迷いの果てに、周助は脱藩を決意する。当時、脱藩は以前ほどではないにしてもやはり違法であった。以前なら「上意討ち」を掛けられても仕方がなかったほどであるが、幕藩体制の緩んだ幕末ではさすがにそれほどではなかったにせよ、江戸、大坂の藩庁からは締め出されるし、締め出されれば身許証明も不可能になってしまう。周助も脱藩して友人の所を転々としていたが、遂に江戸の藩庁方に召し捕えられ、改めて「永の御暇を賜る」ことになったとい

う。「永の御暇を賜った」後、後ほど述べるように、藩庁や旧藩主からは冷たくあしらわれるようになる周助ではあるが、知人、友人に恵まれ、人間関係はいたってスムーズであったようである。知人、友人の宅を転々としながら、オランダ書の写本をしたり、オランダ語の臨時教師をしたりして食いつないでいる。この間、安政二（一八五五）年一〇月の大地震に遭遇したりして、さぞかし生活は大変であったろうと思われる。

だが、周助は幸いなことに良き師にめぐり会った。手塚律蔵である。手塚律蔵は周防の出身であり、長崎の高嶋秋帆塾に西洋兵学を学んだ人物である。秋帆下獄後、彼は、一時、佐倉侯に仕えたこともあったが、その後は、江戸本郷元町に又新堂という洋学塾を開いていた。手塚が周防出身ということもあってか、塾生には長州藩あるいはその周辺の藩の出身者が多かったようである。周助はこの手塚塾の塾僕から講師の役割まで引き受けていたようである。手塚もまた周助を大変気に入っていたらしく、周助に、オランダ語だけでは新しい時代の要求に対応できないと考えてか、あのジョン（中浜）万次郎の英学塾に通わせてもいる。このジョン万次郎の英学塾で、周助は同じ塾生であった榎本武揚と知り合うことになる。手塚律蔵―西周助というこの良き師弟関係が最も力強く発揮されたのは、幕府の蕃書調所への周助の就職の折である。

蕃書調所へ

この幕府新設の役所（安政四〈一八五七〉年開所）、しかも時節柄、当時好学の青年たちの憧れの役所に、語学ができるだけの一介の素浪人が簡単に採用されるわけがない。そこで恩師の手塚律蔵は、津和野藩主亀井氏に掛け合い、周助を復藩の上で幕臣への道をたどれるよ

う交渉してくれたらしい。蕃書調所は正式の幕府の役所であるので、そこの所員になるというのは、幕臣に取り立てられるということである。しかし、藩主亀井氏は申し出を冷たく拒否。それはそうだろうと思う。当時、故なく脱藩するというのは、前にも述べたように藩にとっては藩律違犯者である。ましてや西周助は召し捕って「永の御暇」まで申し渡したニックキ奴である。それなのに、幕臣への道という栄達の手段として復藩を認めてくれという願いは、どう考えても頼む方の虫が良すぎる。

さて、ここから先、西周助の『自伝草稿』（あるいは『西家譜畧』『西周全集』第三巻）は簡単すぎて分かりづらくなってくる。恩師の手塚律蔵の方がいたく西周助の才能にホレ込んでいたためか、それとも西周助のほうが懇願したためかは分からないが、手塚律蔵は西周助と義兄弟のチギリまで結んでいる。『自伝草稿』をそのままになぞれば、「ゆえにやむをえずして師と結びて義兄弟となり、もって佐波銀次郎の厄介を冒《おか》すという」、とある。これではまるで就職のため、やむなく手塚律蔵の義弟となり、手塚律蔵の元の主家佐倉侯に頼み込んでもらったと読める。恐らく、ここは弟子の西周助が津和野藩への復帰を冷たく拒絶されたのを見た恩師が、憐れんで義弟ということにして佐倉侯に頼んでくれたということであろう。佐波銀次郎とは佐倉藩士であり、西周助は佐倉藩士佐波銀次郎の食客にしてもらったということである。つまり、佐倉侯から見れば陪臣である。この身分から西周助は蕃書調所所属へと身分を換えてもらうことになる。幕府老中久世《くぜ》大和守からの採用辞令は次のようなものであったという。

「蕃書調所教授手伝並おおせつけられ、十人扶持下しおかれ候むね、御老中久世大和守（広周《ひろちか》）殿おおせわたさる。
堀田備中守（正篤《まさあつ》）家来佐波銀次郎厄介
西周助」

津和野侯の家臣（藩医）身分なんかより、佐倉侯の陪臣身分の方が、当時、はるかに世間の通りが良かったはずである。津和野藩の四万三千石に対して、佐倉藩は一一万石である。なおかつ藩主堀田正睦《まさよし》（正篤）は、この時、老中筆頭格であり、第一四代将軍擁立に関して一橋慶喜《よしのぶ》派の代表者であり、紀州徳川家茂《いえもち》派の代表者井伊直弼《なおすけ》と対決するほどの人物であったからである。だが、その後の歴史が示す通り、この対決は井伊直弼派が勝利し、翌年、井伊は大老となる。とは言え、大老就任の二年後、その強引な政治姿勢のために「桜田門外の変」で倒される。他方の堀田正睦もこのような歴史の回り舞台のさなかに退場してしまう。このような堀田正睦の陪臣身分を得て、幕府蕃書調所への転身を図った西周助は、なかなかのやり手であったようである。蕃書調所は当時一橋邸内（現、神田錦町三番地）にあった関係上、彼はさっそく一橋慶喜に上申書「蝦夷地開拓建議」を提出している。蕃書調書の教授職の職務と北海道開拓とはまるで関係のない話であるし、西周助がこの上申書を提出した安政四年一〇月といえば、主家筋の堀田正睦が大活躍の最中であり、将軍家定の後の第一四代将軍も未だ不確かな状況であった。そのような時に、北海道開拓の上申書を一方の有力候補の一橋慶喜に送った

というのであるから、西周助もなかなかのやり手というほかない。もちろん、一橋慶喜からの返事はなかった。しかし、やがて将軍職を継ぐことになる一橋慶喜が、「西周助」の名前をしっかりと記憶に留めたのは、言うまでもない。

2 栄光のオランダ留学

福沢諭吉をライバルとして

念願の蕃書調所の教授職を手に入れた西周助にとっての次の目標は、是非にも、直接外国に出かけて行って、見聞をひろめてくることであった。西周助は逸《はや》る思いであった。しかも既に先例もある。彼のオランダ留学の二年半ほど前、あの井伊大老暗殺「桜田門外の変」の二ヶ月前、万延元（一八六〇）年一月、日本人の操船によると言われる（?）咸臨丸《かんりんまる》で、初めて日本人が太平洋を横断した事例である。この咸臨丸の航海の目的は、数日後に出帆する日米修好条約批准書交換のための新見使節団の護衛ということであった。アメリカの軍艦ポーハタン号に乗船してのこの使節団は、正式外交団であるのであまり面白味はない。それよりも、数日前に出航したあの咸臨丸には、幕府の軍艦奉行木村善毅ほか軍艦操練所教授勝安芳（海舟）や中津藩江戸屋敷の蘭学塾教授福沢諭吉らが乗り込んでいて、こちらの方がその後の日本に大きな影響を与えることになる。同年冬、幕府は更に欧州各国に条約批准書交換のための使節団を派遣することになるが、福沢はこの使節団にも随行し、北米、西欧諸国の制度、文物の多くを紹介することになる（例えば、福沢の『西洋

事情』は慶応二年より出版スタート）。

文久二（一八六二）年の幕府派遣のオランダ留学組は、前にも述べておいたように、オランダに発注しておいた軍艦「開陽丸」受け取りが目的であって、外交使節派遣が目的ではない。とすれば、榎本武揚、沢太郎左衛門らの海軍操練所関係者が主であり、洋書調所（文久二年五月、蕃書調所を改称）の西周助と津田真道、それに長崎の蘭方医伊東玄白と林研海らは、つけ足しの人員であったと思われる。

それにしても、洋書調所には、教授、教授手伝（今日でいう准教授か？）、教授手伝並（講師か助手か？）といった階層の二桁の人員がいたと思われるが、そのうちから二名のオランダ行きが選ばれるのは、大変な人選であったと思われる。『自伝草稿』によると、西周助は、特にアメリカへの使節団派遣に際しては、随行を願って正使予定者に懇願しているが、どうしたものか福沢諭吉に先を越されてしまっている。また、文久二年のこのオランダ派遣が日程にのぼった時にも、目付や外国奉行（大久保一翁）に必死になって頼みこんでいる。文久二年の段階で西周助、三四歳。決して若くはない。六歳も年下の福沢諭

若き日の福沢諭吉

吉に先を越されてしまったクヤシサもあってか、西周助の行動はきわめて積極的である。ちなみに言うなら、明治に入っても福沢諭吉と西周助とは良きライヴァル同士として、交友関係を続けていくことになる。

航海の様子

もともと幕府の軍艦発注はアメリカに向けてなされていたものであった。しかし、南北戦争の勃発によってアメリカ側が辞退してきたため、急遽、発注先をオランダに変更したものである。これなら、英語よりオランダ語の得意な西周助の出番であったろう。今回は事前運動の効果もあってか、めでたく採用され、品川沖から咸臨丸に乗り込むことになる。二五ヶ月分の手当六六〇両二分をドルに交換したというのであるから、今日の官費留学生と比べて、相当に高額の手当であったのではあるまいか（一両一〇万とすれば六六〇〇万円である）。

『自伝草稿』にみるオランダ航行は実に詳細である。咸臨丸で品川沖を出航し、浦賀、下田、長崎に至り、長崎からオランダ商船カリップス号に乗り換えて東シナ海に出ている。ただし、このカリップス号はインドネシアのバンカ島とビリトン島との間の海峡で座礁。全員近くの小島に上陸して、西周助らは原住民のイスラム的生活を興味深く観察している。やがて迎えの船が来て、バタビア（現ジャカルタ）に到着。ここでは原住民と華僑との生活環境の違いを観察し、またオランダ人の建設になる遊憩所（何のことか判らない）、学校、獄舎、病院などを見学している。伊東や林らの蘭方医グループは、近代的病院を見学して大いに参考になっただろうが、西や津田らの蕃書調所グループは、ここまでの華僑の進出にさして驚いている様子も見られない。

バタビアからまたオランダ船テルナーテ号に乗り換え、スンダ海峡を越えてインド洋に出る。インド洋からマダガスカル島沖を通り、喜望峰の沖合を回って大西洋に出る。大西洋では途中セント・ヘレナ島に上陸している。ナポレオン一世が幽閉されていた場所を見学するためであったという。ここは榎本や沢らの海軍操練所グループ以上に、西周助にとっても興味のそそられる場所であったろう。やがて明治に入って陸軍省にかかわりを持つことになる彼は、度重ねてナポレオン一世の軍事史的意義について語ることになるからである。まあ、それ以上に、この時、幕府は第二帝政のフランスとも和親条約を結んでおり、しかもフランスはイギリス以上に幕府に友好的だったのであるから、留学生一五人にとっても気楽な観光スポットであっただろう。あの最後の決戦ワーテルローの戦いが終わってからほぼ半世紀の時が流れていた。留学生たちの西欧近代史についての知識もかなりのものであったことをうかがわせる記述も見えている。ナポレオンの墓所に参詣しているが、遺骸は一八四一年にパリに還送されていることまで付記されている。山頂に七室ほどの部屋をもつ故居が整備されており、その背面にまた別な新居が建てられていたそうである。イギリス人の案内人が、この新居の完成を見ることなくナポレオンは死去した、と説明したという。留学生一行は、セント・ヘレナでナポレオンという名の小鳥を二、三羽買い込んで、一路オランダへ急ぐ。途中、処々方々に寄り道をしたお蔭で、十一ヶ月後の文久三（一八六三）年五月、ようやく一行はロッテルダムに到着した。

シモン・フィセリング教授

実は、これまで引用してきた『自伝草稿』は、明治に入ってから西周助が記憶やメモに頼って書き綴ったものである。実際の原稿は戊辰の変（つまり、一八六八年の幕

シモン・フィセリング教授

末維新の戦い）で散逸してしまったのだそうである。だが、机の中を整理してみたら、ライデン大学のシモン・フィセリング教授が西周助と津田真道の二人に宛てて書いてくれた講義の予定表が出てきたので、これをそのまま掲載すると言って、フィセリング教授のサイン入りの次のような予定表が、『自伝草稿』に挿入されている（カッコ内は清水の挿入）。

「二君が来学した志と希望とその意志に答えるためには、政事学（政治学？）の大本《おおもと》を教授することである。その内容は、第一に性法（自然法）学、第二に万国公法学、第三に国法学、第四に経済学、第五に政表（統計）学である。以上の五教科の講義の要点を簡明に示して、二君にその旨趣を理解してもらい、（やがて）利用してもらうことである云々。」

フィセリング研究者の言によると、彼はかなり古典的な自由主義者であり、かつ自由貿易主義者であったそうである。したがって、フィセリングの講義録『性法略』（神田孝平訳、明治四年刊）を読む限り、彼フィセリングは、まず素直に人間の「生得の権利」を認めるところから始め、「万国公法」も各国の「国法」も、すべからくこの「性法」に準拠しなければならないと考えていたようであり、

この点でもかなり古典的な自由主義者であったことが分かる。ちなみに付け加えるなら、今日では「自然法《ナトウールレヒット》」と訳されている言葉は、初め、「人間の本来の性質」という意味を含めて「性法」と訳されていた。明治一〇年に出版された、司法省法学校におけるボワソナードの講義も「性法講義」であった。西周助が儒学（特に朱子学）的教養から訳出した「性法」という言葉は、長く法学関係者たちの間で使用されていたことになる。「これ（性法）、凡百法律の根源なり」というわけである。凡百の法律はすべからく「性法」に基づくものに改変されなければならないと、フィセリングは二人の日本人留学生に説明したという。ただし、講義録というものは注意して読まれなければならない。「通史」を語っている場合は、ある時代までは「そう考えられていた」ということを事実として断定的に語らなければならないからである。

留学生たちの理解力

フィセリングが日本人留学生に講義を行った一八六〇年代半ばの西欧法思想界主流は、フィセリング的説明の時期を過ぎていた。まず考えてみよう。そもそも近代「自然法」論は、同時並行的に深化されていた人間「理性」論に支えられ、裏打ちされたものであった。何が人間の「本性」であり、何が人間の「性質」であるのかを確認するのは何によってであるか。中世なら、それは「神」によってであると答えればそれで十分であったろう。だが、近代なら人間みずからの「理性」によって確認するとしか答えられないはずである。ところが、その「理性」論も一八世紀後半の人間個々人の判断能力としての「理性」論から離れて、一九世紀初期の絶対者の「理性」論にまで議論が進んでくると、もはや、「理性」をめぐる論争には先が見えなくな

る。この論争を社会哲学の歴史に重ねるなら、人間理性に基づいて古い国家形態（絶対王制）を批判したカントの時代から、個人や社会に対し、形成されつつある近代国家の絶対優位を主張するヘーゲルの時代に並行する。その後は、観念化し、形而上学化してしまった「理性」論や「国家」論を、実証主義や経験論、あるいは歴史主義によって解体する時代に入る。やがて西周助が依拠することになるコントの実証主義やミルの経験論が、この流れである。また国法学における歴史主義とは、それぞれの国の固有の慣習、風俗などを尊重する立場、例えば、ヘーゲル国家哲学以後のサヴィニーの歴史法学派が、それである。

その上、幕府からの留学生たちがフィセリング教授の下で学んでいた時期は、市民社会の当然の結果である社会問題に対し、フランス共産主義運動のような方策をとらず、国家がどのように対処すべきであるかという、シュタインの「社会国家」論までが登場する直前であった。もともとフィセリングは古典的自由主義者であったらしいから、ヘーゲル的国家哲学には反対であったろうが、その反対は何に依拠してのものであったのだろうか。小泉仰氏は、フィセリングの思想の根底にあったものは「コント、ミルの英仏実証主義」であり、彼フィセリングの功績は、これを西周ら留学生に植えつけた点にあるのだ、という（小泉仰「欧米思想との出会いを通した西周の思想形成」『中国思想研究論集』所収、昭和六一年、雄山閣）。

とにかく、西欧「理性」論の流れだの、法哲学論争史だのを、市民社会成立以前の日本のサムライ青年たちに語って聞かせても理解不可能だろうと判断したものかどうか、「性法略」に見るフィセリ

ングの講義は、彼ら西欧人の一時代前の法理解、というより当時でもなお生きている法理解の骨組みだけを簡単に話したものである。このような考え方は現在ではどうなっているのか、現在の考え方の代表者は誰なのか、などといったことは実際の講義では話されたのであろうが、記録としては残されていない。

したがって、帰国した後、西周助が、そのような西欧近代自然法の理念が多くの思想的闘争の後、どのように変貌し、どのような考え方を生んだかなどという記述を取り入れなかった、あるいは取り入れることができなかったとしても、責められるべきではない。例えば、西周助が帰国して、慶応三年、京師（京都）の更雀寺の私塾で語った『百一新論』では、次節あるいは第三章で詳しく述べるごとく、「性法」の説明に当たる部分は、ホッブズやルソーの引用ではなく、まず朱子学的「天道」「人の道」の説明から入り、それを少しずつ「ずらして」荻生《おぎゅう》徂徠《そらい》的経験的な「人間相互の信頼関係」によって説明してゆく。教養体系がまったく違う者相互が出会った場合、他者理解のためには、自分の教養体系の中からまず類似の発想でもって相手を理解しようとするのは、当たり前の行為であろう。

この文久年間から約二〇年後、伊藤博文らがウィーンで先ほど述べておいたシュタインに接した時（明治一五（一八八三）年）にも、似たようなスレ違いが生じたものである。この時、伊藤らは明治政府の中枢にあり、かつ具体的な欽定憲法の制定を迫られていた。来日招聘までされていたシュタインは老齢のため渡日を固辞しながらも、伊藤らを長期にわたって自宅に留め、当時のドイツのみならず西欧全体の法的事情を懇切に説いたはずである。彼はフランス社会主義の事情にも詳しく、結局は今

日的「社会国家」（やがて二〇世紀に入って「社会福祉国家」と呼ばれるようになる）の構想を持っていたのであるが、そんなことは遅れた極東の島国の政治家たちに理解されようはずもない。「国家」が「社会」の諸問題に責任を持ち、関与するのだから、「国家」は強権を持つべきだなどと理解して、伊藤らは満足げに帰国したはずである。

それはともあれ、西周助や津田真道らが学んできた「万国公法」（国際公法）は、幕末の国内動乱で、すぐにも機能する。だが、西周助らが「性法」を経験的な「人の道」で理解した側面は、やがて、明治六年に来日するフランス人法律顧問のボワソナードが、「自然法」に基づく「ナポレオン法典」を紹介しようとした時、かなりギクシャクとした論争に発展することになる。

3 『百一新論』

西周助の待遇

先にも述べておいたように、十五人の留学生のうち西周助と津田真道の洋書調所組二人は、一足先にパリへ、更にマルセイユ経由のフランス郵船で帰国する。パリでは多くの日本人と会っていたらしいが、その後の西周助の人間関係の中では薩摩藩士の森有礼と交わっているのが注目に値する。やがて、幕臣としての西周助はまず薩摩藩を憎み、明治に入ってからは旧薩摩藩士の森有礼を呼びかけ人とした「明六社」の社員となるからである。帰国は、慶応元（一八六五）年一二月もおしつまってのことであった。

帰国してみると、「洋書調所」は「開成所」と改称（文久三年八月）されていて、二人はそのまま「開成所」に復職する。ただし、安政四年入所当時「教授手伝並」（講師か助手）であったのだが、二年後の安政六年には「並」がとれて「教授手伝」（准教授）となっており、それから更に七年後の慶応二年には「手伝」もとれて、「開成所教授」となっている。現代の大学制度から見てもまずは穏当な昇進だろう。ところが「教授」となると幕府直参なのだそうである。給与も二〇人扶持百俵であったという。二・五俵で一石であるから四〇石取りということになる。当時、諸藩は大体「四ツ成り」といって、額面の四割を支給する慣例であったから、額面では百石取りの藩士に相当するということだろう。まずは中堅藩士並みの給与が支給され、気位だけ高い幕府直参取扱いになったということか。ところが、『自伝草稿』では、「高百俵開成所教授職に召し出され、勤務中、役扶持十人扶持下しおかるるむね、申し渡され」とあるが、百俵以外に更に役扶持一〇人分（約二〇石）が支給されたものだろうか。とすると額面は百五〇石取りということになる。諸藩士なら、中の上ぐらいの生活水準の給与という計算になるはずである。

津田真通

さて、ここから先が『自伝草稿』の中で特に分量が多くなり、かつ内容が最もダイナミックになる部分である。

慶応二（一八六六）年九月中旬、西周助と津田真道に京師に上るように命令が下る。二ヶ月ほど前、第一四代将軍徳川

家茂《いえもち》が二一歳の若さでおしくも病没してしまった。彼が第二次長州征伐の督戦のため大坂城に滞在していた時のことである。しかし、薩摩藩と長州藩は攻守同盟の密約を結んでおり、諸藩は動かず、戦線はいたる所で幕府軍の敗色濃く、幕府は面目を保ちつつ撤兵する機会をうかがっていた。そこで幕府は将軍死去を理由に撤兵を決意し、朝廷から停戦命令を引き出したのである。京師にあって将軍後見職の重職を務めていた一橋慶喜は、この時、徳川宗家は継いだが、まだ将軍職を受けてはいなかった。八方多難な折、将軍不在の状態に幕閣や有力大名がジリジリ焦《じ》れてくるのを、一橋慶喜（宗家を継いだ段階から徳川慶喜）は待っていたのである。そんな折、江戸の開成所から西と津田が京師に招かれたというのは、やがて将軍職を継いだ折、最新の西欧諸国の事情に詳しい開成所教授連の知恵を借りたいという慶喜の思惑が働いていたのであろう。西と津田とは言ったが、津田はすぐに江戸に戻ってしまう。結局、開成所から上京して慶喜の側近として京師に留めおかれたのは、西周助一人だけであったことになる。かつての旧藩主堀田正睦が一橋派であり、西周助自身もかつて慶喜に蝦夷地開拓の上申書を提出していたことなどが、この際、西周助に有利に働いたのであろう。

しかし、上京はしてみたが、慶喜から国政に関する諮問があるわけではなく、慶喜が将軍宣下を受けた（慶応二〈一八六六〉年、一二月五日）後も、仕事らしい仕事があるわけではなかったらしい。強いて仕事といえば、パリ万国博覧会に参列する水戸の徳川昭武一行（当時、京師の相国寺を仮陣屋としていた）に西洋事情を説明することぐらいであった。しかし、随行の水戸藩士や浪人たちはあらかた尊王攘夷派のようであり、西周助の話などまるで馬耳東風のようであったそうである。西欧諸国を見聞し

てきていた西周助は、もちろん、攘夷派嫌いであったし、攘夷派の思想的根拠である「国学」や「水戸学」に対しても批判的眼を持っていた。ただし、随行員のすべてが攘夷派であったわけではなく、なかには木村某のような人物もいた。彼は開成所出身であり、後、一橋家に仕官してパリ万博随行員に加わることになった人物である。この人物は英語をよくし、京師で私塾を開いていたのだそうである。この木村某が洋行に当たり、自分の私塾の生徒を西周助に託したという。生徒と言ったって、京師在住の各藩藩士たちであったろう。西周助としても、さし当たって仕事があるわけではないので、それらの生徒を引き受けることにしたのだそうである。この時、一橋家からのもう一人の随行員に、やがて明治期財界の大立者になる渋沢栄一がいたことを、『自伝草稿』は興味深く書き留めている。

慶応二年は孝明天皇の崩御（一二月二五日）とともに終わる。

いよいよ動乱の幕開けとなる慶応三年が明ける。しかし、この年の前半の討幕運動はまだまだ水面下のものであり、表立ってはまだ小康状態を保っていた。二月、西周助は僑居《きょうきょ》を四条大宮西入の更雀寺に移し、ここでパリ万博に出向いた木村某の生徒を引き継いで、私塾を開くことにしたというのである。塾頭（校長?）や授業規則（校則）まで決めていたというから、本格的なものである。当時、江戸や京、大坂の私塾はせいぜい二、三〇人、多くて五〇から一〇〇人ぐらいの規模であったろうが、ここ更雀寺の私塾は五〇〇人にも及んだという。数年前、江戸は築地の鉄砲洲（銀座一丁目を東の隅田川方面へ行くと鉄砲洲公園があり、今にその名前を伝えている）で私塾を開いた福沢諭吉も、これほどの人数は集められなかったにちがいない。鉄砲洲の福沢の私塾はやがて慶応義塾へと発展して行く。京師

の更雀寺の西周助の私塾も、あと一両年平和が続けば、当然、新時代には「大学」へと転身していったはずである。

洋学塾開講

更雀寺の私塾では、おそらく蘭語、英語が教えられ、その上で西欧の諸学の基礎が講じられたのであろう。わずか数ヶ月ではあったが、西周助のここでの授業内容の一つが『百一新論』であった。ただし、慶応三年のこの時の西周助自身の講義録は、以後の鳥羽伏見の戦いの中で散逸してしまったらしい。この時の受講生の中にかなり目の不自由な会津藩士山本覚馬と山本よりやや年長の南摩羽峰《なんまうほう》（名は綱紀）という人物がいた。彼らは、明治六年になって東京の西宅を訪ね、自分たちの速記録を西に提示し、手を入れてもらい、山本の場合はみずから序文を書いて出版した。これが現存する『百一新論』である。あの動乱から六年の歳月が過ぎ、完全に失明してしまい、その上、足まで萎えて不自由になってしまっているかつての受講生、おそらく南摩が付き添ってのことであろうが、かつての教え子の旧会津藩士たちに尋ねてこられて、西周助がどのような感慨をもったか、興味のあるところだが、残念ながらその記録は残されていない。

徂徠学的「人の道」と西欧的「哲学」

『百一新論』が世に出ることになった経緯は、以上の通りである。ところで、この『百一新論』は、日本において「哲学」という訳語で「フィロソフィー」が論じられた最初の講義であり、日本の近代思想史上特筆すべき講義録である。もっとも、文久二年のオランダ留学以前の西周助は、「フィロソフィー」を「性理之学」と呼んでみたり、津田真道著『性理論』の跋文《ばつぶん》においては、「希哲学《きてつがく》」（つまり、賢いことを希《こ》い願う学という意味）と訳したりもして

いる（『全集』第一巻、一六頁）。このような試訳の後に、「哲学」という訳語に落ち着いたのが、慶応三年の更雀寺での講義『百一新論』においてであった、ということになる。

二一世紀の今日、日本の諸大学で「哲学」を講義しておられる教師のあらかたが、おそらくこの「希哲学」から「哲学」への訳語の変遷を語り、『百一新論』に言及しておられるはずである。ところが、「哲学」にとってそれほど基本的文献でありながら、今日、実は読まれることがほとんどない文献でもある。というのも、この講義の背景になっている朱子学あるいはそれに対決した徂徠学の素養が、今日、西洋哲学を学ぼうとする人たちにとって、遠い存在になってしまっているからである。では、次に若干この著作の人間性論あるいは社会論の部分を紹介してみよう。

西周助は、この講義の中で、我々を取りまく（あるいはわれわれの中にもある）「天然自然の理」（物理現象）と、「ただ人間の心裏に存する理」（心理、社会現象）とを区別する（『全集』第一巻二八〇頁まで）。後者は「後《アポ》天《ステリオリ》の理」（二七八頁）ではあるが、さりとて「すべて人の作ったものかと思うとそうではない。やはり後天ながら天である」（二八二頁）。「後天ながら天」である理に従った、法や制度を作ること、「これを道という」のだそうである。随所に『中庸』を引用した西周助のこのような思考は、「西研究」の先学者小泉仰氏の主張によれば、「道」を天与のものと考える朱子学のものではなく、実学の先駆者荻生《おぎゅう》徂徠《そらい》から学んだものであり、やがて、ミルによって精密化されて行くものだそうである。そう言われてみると、この講義の中で、西周助は、フィセリングからも聞いてきたはずの「性法」による「法」の基礎づけ、つまり、人間理性に基づく普遍的な「自然法」によって「法」を考え

るなどという方法をとっていない。

「後天ながらやはり天（道）」を奉じた「人の道」によって法や制度を考えること、そしてまたこのような法や制度は、「人の性上」に備わった「自愛自立の心」と相和し、相互の「自愛自立の心」を尊重しあうことを図ることである。これが「政事」（政治）上、「人々の知識を鼓舞振起する一術」であり、「文明の治」を起こすことなのだ、というのである。話がここまで来ると、徂徠の方法というより、西周助の啓蒙的意図が見えてくる。ただし、更雀寺で西周助の講義を聞いていた多くの青年武士たちは戸惑ったことであろう。この講義に出てくる「天道」「人の道」の話は、彼らの伝統的教養である朱子学でよく聞いてきた話であるが、講義が進むにつれて、少しずつその内容が変化し、とどのつまりは啓蒙的な「文明の治」の話にまで至るのであるから。しかも、当時の各藩校の教育内容はあくまでも朱子学が主であったので、西周助の講義は新鮮な驚きであったはずである。

「哲学」の登場

次に、この講義で「哲学」という言葉が出てくる部分を紹介してみる。途中の文言の中で「天道・人道を論明して」とあるのは、朱子学的意味を思わせて徂来的な意味をこめたものである。西周助は「人の道」（再度言うが西欧的ヒューマニティーではない）が、別な見方をすれば、伝統的な「教」に通ずる側面があることを認めつつ、古来から数多く存在する「教」も、自然の論理（物理現象）を踏みはずすことのない総括的見方のできる「哲学《フィロソフィー》」によってこそ、一つのものになりうると説く。百の「教」も一つになりうるのは、「物理も心理もかね論じうる哲学」によってであるというのが、「百一についての新しい論」、すなわち『百一新論』の趣旨である。西欧的

近代自然法に対する反発の諸思想を理解しようとして、何とまあ徂徠学的「天道」思想に基づく「人の道」まで持ってきた西周助の思考回路に注意しておきたい。これは決して彼の思考回路を非難するためではない。まったく新しい思想の導入に当たっては、当時の人々の思考性の中で比較的に近いもの（この部分は朱子学的素養）をもってきて理解を促し、それを自分なりに少しずつ「ずらして行く」（この部分が徂徠学的に）しか理解を求める方法はないからである。このような事態はいつの時代にも起こりうることである。次は『百一新論』の最後の一節である（カッコ内は清水の解説部分）。

「問　いかさま、物理（自然界の現象と論理）と心理（人文、社会の現象と論理）との区別はお説のとおりにて承知いたしてござるが、しからば教（初めは儀礼、後の理解では広義の宗教を含む世界観）には物理を参考にすることはいっこうにいらぬことでござるか。

答　さればでござる。教にはもとより観（見ること）・行（行うこと）の二門を分かって論ぜねばならぬことで、その行門（行うことの部門）はもっぱら性理上（人間の性質上）にもとづいて法（方法、規則）を立てたものでござれば、物理の論には及ばぬことでござるなれども、観門（見るという部門）の方では物理を参考いたさなくてはならぬことでござる。しかし、物理と心理とを混同して論じてはならぬことでござるが、その物理を参考いたさなくてはならぬと申すのは、人間も天地間の一物でござれば、物理を参考いたさなくてはならぬでござる。これは物理と申すうちにもかの造化史の学を主とすることでござって、その造化史は、まず金石・草木・人獣の三域について

諸種の道理を論じ、かたわら地質学《ゼオガラフィー》（ゼオグラフィーなら地理学。地質学ならゼオロジーと言うべき）・古体学《パレントロジー》（もし古生物学、化石学と言うつもりならペイリアントロジー）などと分かれて、この大地のできた初めにかえり、また人獣の部にてはアントロホロジー、訳して人性学（今日の訳語なら人類学）といい、まず比較の解剖術《コンペレーチフ・アナトミー》より生理学《ヒシヨロジー》・性理学《ピシコロジー》（サイコロジーのことなら心理学）・人種学《エトノロジー》（民族学）・神理学《テオロジー》（何故ここに神学が出てくるのか分からないが）・善美学《エステチーキ》（美学）、また歴史等を総《す》べ論ずる学術をとりわけ物理の参考に備えねばならぬことでござる。すべてかようなことを参考にして心理に徴し、天道・人道を論明して、かねて教の方法を立つるをヒロソヒー、訳して哲学と名づけ、西洋にても古くより論のあることでござる。

今百教は一致なりと題目を設けて教のことを論ずるも、種類を論じたらばこの哲学の一種ともいうべくして、仔細は、もし一つの教門を奉ぜばその教を是とし、他の教を非とすること常のことなるに、百教を概論して同一の旨を論明せんとにはよほど岡目より百教を見下ろさねばならぬことでござる。ゆえに、かかる哲学上の論では物理も心理もかね論ぜねばならぬことでござるが、かね論ずるからといって、混同して論じてはならぬでござる。」

（『百一新論』巻の下）

慶応三年の西周助

それはともあれ、慶応三年の後半に入ると、更雀寺での私塾を平穏に続けていられない事態が、急速に動き出すことになる。西南諸雄藩の志士たちが続々と上京し、盛んに密会、密約を交わし、京師のいたる所でテロルの嵐と鎮圧の強行策がぶつかり合うこ

とになる。舞台廻しのキーパースンの一人、坂本龍馬が来るべき新政権構想の「船中八策」を密かに提案したのが、同年六月。七月に入ると、薩摩藩の大久保利通、西郷隆盛らと若手公卿の岩倉具視らとが組んでの倒幕、王政復古の計画も動き出すことになる。

世上騒然となりつつあった五月中旬、西周助にも、京師における将軍の居城になっていた二条城から、登城命令が下される。折悪しく風邪気味であったらしい周助ではあるが、取るものも取りあえず出向いてみると、「奥詰並」（「並」がとれるのは、九ヶ月後の慶応四年二月）を申し渡されたという。「奥詰」とは将軍の近習、側近の役、現代でなら秘書官の役どころであろう。西周助も開成所の「教授職」から正式な側近の役へと役職を昇ったことになる。「教授職」は直参ではあっても、幕政にとってはあくまでも外側の役職である。しかし、「奥詰」は実権はともかくとして、幕政のド真中の職であろう。西周助の仕事は外交文書の翻訳であったという。これまた元開成所「教授」の西周助にふさわしい仕事ではある。当時、諸外国公使（特にフランス公使）は将軍慶喜を「元首」として扱い、「陛下《マジェスティー》」と呼びかけていたから、正式な外交文書のあらかたに、西周助は目を通していたことになる。

4　将軍慶喜の側近として

「大政奉還」宣言に立ち会うが

「奥詰」にはなってみたが、やはり、それほど仕事があるわけではなかったらしい。諸外国公使からの外交文書の翻訳、あるいは諸外国公使への外交文書の起草、点検といってみたところで毎日のことであろうはずはない。暇な折には、将軍慶喜は西周助にフランス語を教えてくれといってせがんだりもしたという。幕府や慶喜の交渉相手としては、やはり、フランス公使ロッシュが最も頻繁《ひんぱん》であったからであろう。

慶応三年一〇月一三日、二条城に緊急登城の命令によって呼び出された西周助は、あの有名な「大政奉還」の決意表明の場を真近で目撃することになる。実はこれより一ヶ月ほど前の九月中旬、薩摩・長州・芸州の間に討幕挙兵の盟約が成立していた。この盟約に岩倉具視らの反幕公卿らが密勅を引き出そうとしていた。いわゆる「討幕の密勅」策動（一〇月八日）である。これら一連の動きを土佐藩山内容堂は察知していた。彼はもともと公武合体論者であり、かつては慶喜の補佐役的四賢侯（島津久光、松平春嶽、山内容堂、伊達宗城《むねなり》）の一人であった。その彼が「討幕の密勅」伝達に先立って、武力衝突を回避すべく幕府に建策したのが、「大政奉還」であった。この建策の発案者は土佐藩家老の後藤象二郎であり、その後藤の背後にいた同藩出身の脱藩者坂本龍馬であると言われている。将軍慶喜は土佐藩主の建策を受け入れた。そしてこの日（一〇月一三日）、二条城大広間で在京諸藩の重臣

たちを集めて、「大政奉還」の決意を伝えることになったのである。

将軍慶喜は、初め上段の間の敷居際まで迫るような形で着席しており、その直下に一人の武士が平伏して何やら意見具申らしいことを言っていたが、平伏したままでの発言であったので、周助には何を言っているのかサッパリ分からなかったそうである。目付がその武士の側に行って口上を書き留めていたという。後で聞いてみたら、その武士は薩摩藩家老の小松帯刀《たてわき》であったとのことである。この下相談の後、老中板倉勝静、土佐藩後藤象二郎、薩摩藩小松帯刀同席の下、諸藩重臣に向かって「大政奉還」が宣言されることになる。「討幕の密勅」が薩摩・長州両藩に伝達されたのは、慶喜の「大政奉還」宣言と同日の一〇月一三日であった（長州藩には一日遅れの一四日）。

徳川（一橋）慶喜

幕府の力量

この時の慶喜の「大政奉還」宣言は、反幕公卿達や薩長等討幕諸藩の機先を制するものであった。「大政」が「奉還」されてしまえば、討幕の大義名分も、「討幕の密勅」の有効性も失われてしまうからである。しかも、この瞬間、朝廷には独自の財源も軍事力もなく、およそ政府の体《てい》をなしていない。これに対して、「大政」は「奉還」しても、名目四百万石（実質は半分の二百万石程度であったにしても）の徳川宗家は、随所に近代的改革を取り入れ、

依然として諸藩をリードする立場にあった。例えば、行政機構に総裁制を導入して、その責任体制を確立しようとしたことなどが、まずその良い例である。次に、兵制でもそれなりの改革が行われている。いわゆる「文久二年の改革」によって、幕軍に一部近代歩兵制度が導入されている。やがてこの近代歩兵隊は慶応三年二月下旬、フランス陸軍から派遣されたシャノワーヌ大尉以下五人の士官、九人の下士官によってフランス陸軍風の伝習を受けることになる。海軍にいたっては操練所、ドックまで備えた近代艦隊、あの東洋一の巨艦「開陽丸」を中心とした近代艦隊まで創設していた。こうした実力を背景にした慶喜にしてみれば、朝廷や反幕諸藩に何ができるというのか、やれるものならやって見ろという態度であったと思われる。

その上、西欧・北米の科学技術、制度、文物に詳しい人材は幕府側が圧倒的に多数を抱えていた。例えば、開成所の教授職構成員とその学生たちの数と知識量は、有力諸藩からの留学生のそれらを質量ともに圧倒していただろう。西周助の『自伝草稿』によれば、二条城の慶喜の自室には、硝酸だか硫酸だかが持ち込まれ、発電機で電気を起こして電気燈がつけられていたというし、その電気で電信機まで動かしていたという。水のイオン分解による発電セットの作動を、慶喜の見ている前で、「奥詰」の西周助が手がけたらしい。「ツイタ、ツイタ、マルデ月光ノヨウダ」といってはしゃぐ慶喜と西周助と周りの者の姿が目に浮かぶようである。ある時はまた外国製のミシンが使用解説書とともに城内に持ち込まれたという。西周助が自宅でその解説書の翻訳を命じられたが、現物がないと翻訳に困るといって、その現物まで自宅に持ち帰ったそうである。ところが、自宅でその現物を動かしてみ

たら針を折ってしまい、あわてて針師を呼んで修理してもらい、何喰わぬ顔でそれを再び城内に持ち帰ったとのことである。以上は「大政奉還」の二、三ヶ月前、京師がまだまだ小康状態の時の話らしいが、幕府トップの科学技術に対する関心と知識は、後世に言われているよりははるかに旺盛で高かったことがうかがえる。

西欧の制度・文物への関心なら、『自伝草稿』には次のようなエピソードが紹介されている。あの「大政奉還」の宣言がなされた日の夕刻、西周助はまた慶喜に呼ばれたという。この時の下問は、イギリス議会のあり方はどんなものか、三権分立の実体はどんなものかといったことであったそうである。西周助は慶喜に概略の話をし、後は文面で詳細に報告したとのことである。今日、「議題草案」として残されているものが、その時の上申書であると言われている。そこには、大君（すなわち将軍）を元首とすること。大君のもとに、イギリス議会にならって、各藩々主を中心とした上院、各藩藩士を中心とした下院の設置といった一種の議会制の提案まで含まれていた。

「列侯会議をおこし、万機公論に決すべし」（由利公正原案）とは、幾度か書き直された明治新政府の方針であり、新時代の宣言であるかのように大袈裟に言い立てられてきているが、知識あるいは構想としてだけなら、幕府のトップ階層の方がはるかに開明的であった。再度言うが、以上のイギリス議会や三権分立の話を慶喜が西周助に文書で提出を求めたのは、諸侯を二条城の大広間に集め、あの大芝居的「大政奉還」を発表した日の夕刻、すなわち慶応三年一〇月一三日の夕刻の話である。「大政」を「奉還」しても、慶喜がどんなに心にゆとりを持っていたかの証左になるだろう。このイギリ

ス政治のあり方の話の後に、慶喜は西周助に対して、フランス・ナポレオン三世への親書の書き方について相談を持ちかけている。「大政奉還」宣言後でも、慶喜はあくまでも日本国元首として、フランス国元首に親書を送ろうとしていたことがうかがえる。「外国にては王侯親しく応酬の書翰に宛名を何と書くや」という下問である。西周助の答申は「わが同胞よ」と書き出すのでございます、ということであった（『自伝草稿』）。「大政奉還」なぞ、まるでどこ吹く風かといった素振りである。

新政府側の無謀な要求

しかし、以後は幕末維新史が伝える通りである。慶喜の決断は翌一〇月一四日朝廷に伝えられ、一五日には受理された。しかし、宙に浮いたようになってしまった「討幕の密勅」に応じて、薩摩・長州の藩兵が続々と上京し始めた。混乱する京師の某旅舎の一隅で、薩長同盟の立役者坂本龍馬・中岡慎太郎が暗殺される。一一月一五日の夜のことであった。犯人は今日に至るも不明のままである。それからほぼ一ヶ月を過ぎた一二月九日、内裏の小御所《こごしょ》において「王政復古」の宣言がなされることになる。

「王政復古」宣言の後、朝廷側の議定会議において、旧将軍慶喜の弁明を聞くことなしに、慶喜に対して「辞官納地《じかんのうち》」の処分が決まった。「辞官」とは征夷大将軍を含む一切の官位を返上することである。どうせ「大政」を「奉還」したのであるから、「官位」を朝廷に返すというのは、これはこれで筋が通っている。ところが「納地」とは、幕領すべてを朝廷に返上しろということである。慶喜や幕閣、幕僚に言わせると、これは冗談じゃない、何をバカなことを言うか!! ということになる。幕領数百万石は朝廷から貰ったものじゃない。室町時代末期のあの戦国時代から関ヶ原の戦いを経て、

徳川氏が実力（武力）で勝ち取って三百年来保持してきたものである。それを何の罪もない慶喜に実力もない朝廷（実は一握りの公卿と大名たち）が、一片の命令で返上しろとは何たることかというわけである。この「小御所会議《こごしょかいぎ》」は、下級公卿の岩倉具視が集めた反幕のイエスマン公卿と薩摩の島津茂久、土佐の山内豊信《とよしげ》（容堂）、尾張の徳川慶勝《よしかつ》、越前の松平慶永《よしなが》（春嶽）らによって構成されていた。しかも、この会議は薩兵を主力とする三千の兵力に囲まれての会議であった。それでも土佐の山内容堂が慶喜懲罰には最後の最後まで異議をとなえていたことは良く知られている。山内容堂は謀殺されることを心配したという。会議は深夜にまで及び、遂に山内容堂が沈黙したところで、事が決した。

今までの割にのんびりしたムードは一変し、二条城周辺は緊迫した空気が張りつめた。「小御所会議」と同じ一二月九日から一〇日にかけて、御所の警護の任から排除された会津・桑名の両藩兵約四千五百、それに在京の幕臣たち数千、あわせてほぼ一万の兵力が二条城に詰めかけていた。西周助もまた非常召集を受けて登城した。城内は騒然とし、殺気立っていたという。しかも、城内御殿の各所には新撰組まで動員されて、ものものしく警備に当たっていたそうである。御所側の三千の薩兵と、まさに一触即発の状態であった。こんな時も、「奥詰」として慶喜の側につかえていたのは、西周助と石川良信という人物の二人だけであったという。「小御所会議」の決定を伝えるべく、尾張藩主の徳川慶勝と福井藩主の松平慶永が二条城にやって来た時、西周助は奥に居て立ち会っていない。しかし、二人の使者の内容は良く知っていた。一触即発を避けるため、大坂城に下ってくれというのである。御三家筆頭の尾張藩主と御三門の一つ田安家出身の福井藩主の説得に慶喜も応じざるをえなかっ

たであろう。結果としてこの二人が幕府を内部から崩して行くことになる。当時、江戸の瓦版にみる二人の評判はすこぶる芳しくないものだった（『藤岡屋日記』）。

会見の場である大広間から奥にひっこんできた慶喜は、すぐにも二人の奥詰に尋ねたという。

「どうすればいいと思うか。」

「戦うべきです。」

これが西周助と石川良信の答えであった。

現代でなら秘書課長か文書課長の役割である「奥詰」の発言にしては、断固とした物言《ものいい》である。慶喜は「しからばそのむねを記してみよ」と下命したという。どう戦うのかの作戦を文書にして述べてみよということであろう。しかし、周助らは「廟議《びょうぎ》にあずかりしにもあらざれば、記すこともかなわず」そのままにしてしまったという。「奥詰」の者の心にまで燃えあがる抗戦の意志を感じとりながらも、この段階の慶喜はむしろ冷静であり、役者がやはり一枚上であった。もっと広範な政治的力の結束を狙っていたフシがある。

そして開戦へ

あの「小御所会議」の情報は在京諸藩を通して、すぐにも全国に流れ出した。特に「納地」の情報に接して、各地の譜代大名の結束は、むしろ強化されかかっていた。外様でも旧幕府に同情を寄せる声があがり始めていた。尾張藩の慶勝、福井藩の慶永の説得もあり、慶喜は京師で特に薩摩藩兵との一戦に及ぶ挙を避けようとした。二条城から大坂城に自主的に退けばそれだけ慶喜の評価もあがろうというものである。慶喜にしてみれば、「辞官」をしても、江戸と大坂を押さえている自分をおいて、

日本国の元首はほかにはあるまいとまだ自負していた。したがって、大坂城に退いても慶喜は諸外国使節に元首としての立場で謁見を受けている。このような慶喜を抜きにして、朝廷側も新政府の立ち上げができるわけがない。新議定側も薩摩藩の島津茂久を除いて、なおも慶喜を主要議定に推《お》そうとする動きを止めていない。かかる事態は、薩摩藩から見ればピンチであった。せっかく旧幕府勢力と慶喜を新政府構想から排除し、特に「納地」要求をつき付けて旧幕府勢力を挑発したにもかかわらず、慶喜がこの挑発に乗らず、兵力をおとなしく大坂にまでさげてしまったというのでは、薩摩藩のやり口の強引さだけが目立つことになり、新政府の中での薩摩藩の立場が無くなってしまう。そこでもう一つ別な挑発を仕掛け、どうしても新政府をして慶喜の武力討伐に向かわせる必要がある。

このもう一つ別な挑発とは、旧幕府軍が二条城から大坂城へ退去した一週間後に明らかになる。しかし、その前に旧幕府軍の行動を見ておこう。慶喜が戦わず、一万余の将士に大坂行きを厳命した一二月一二日夜は、東本願寺から献上された酒樽と盃とで大いに気を養ったという。日が暮れてから鳥羽街道を南下し、更に西に転じて八幡《やはた》山崎のあたりを通過する時は、敵（薩摩藩）の夜襲を警戒しながら進んだという。「万一にも桶狭間《おけはざま》の変のごときことあらしめば、じつに支うべからず」。しかし、そんな心配は無用であった。この時在京の薩摩藩兵の兵力は山崎のあたりに分遣隊を派遣できるほど多くはなかったし、長州藩にいたってはようやく上京を果たし、これから配備に着こうとしている段階であったからである。桶狭間的夜襲を警戒しつつ、銃を携え武装した西周助は、長い行列の後に従ったという。彼らは、夜通し歩いて一三日の朝、大坂城にたどり着いたそうである。京師における数

千の薩摩藩兵の戦闘態勢、真夜中の一万余の旧幕府軍の移動。京坂神地区の一般の人々が、これらを戦火の予兆と受け取らないはずはない。『自伝草稿』には、この地区の駅伝、カゴ、荷馬車の駄賃が急騰し、道行く人々が大変難儀をした様子が書き添えられている。さもやありなんと思う。

一二月二八日、周助は大坂城にて「奥御祐筆詰」を命じられている。「奥詰」は将軍の一般庶務まで扱い、「奥御祐筆詰」は文字通り重要文書取り扱いくらいの差があったのであろうか。この役を命じられた周助自身も、前役との違いが分からなかったという。

薩邸の変

いよいよ慶応三（一八六七）年もおしつまった一二月末、江戸から緊急の情報、薩摩藩の仕掛けたもう一つ別な挑発の情報が、大坂城にもたらされる。周助はそれを「薩邸の変」と記しているが、事情はこうである。「小御所会議」が終わっても土佐の山内容堂や福井の松平春嶽らが「辞官納地」の条件緩和の動きを止めなかったこと、他藩から慶喜あるいは徳川宗家に対する同情が広がりつつあることなどは、既に述べておいた通りである。これに対して、反幕府公卿と薩摩藩は、ここ一番、旧幕府を更に挑発して武力討幕を正当化しなければならない立場に追い込まれていた。そこで薩摩の西郷や大久保は腹心（と言われている）の益満休之助《ますみつきゅうのすけ》、伊牟田尚平《いむたしょうへい》、それに江戸の浪人相楽総三《さがらそうぞう》らを呼んで因果を含めたという。江戸に行き、世直しのため、豪商、悪徳商人に押し込み強盗に入り、火を放て！　必要とあらば役人を暗殺し、江戸の町を恐怖と騒乱の巷《ちまた》にたたきこんでこい、というのである。彼らは江戸は三田の薩摩藩邸を根拠地にして数百人の浪人を集め、一勢に江戸の町で強盗、放火、殺戮を開始した。彼らの行動は江戸市中にとどまらず、関東一円から上信

越地方にまで広がった。しかも相楽総三らは、押し込み強盗に入るに当たって、わざわざ「われらは薩摩藩士である。世直しのための軍資金をもらい受けに来た」と、名乗りまで上げていたと伝えられている。

ちなみに付け加えるなら、この相楽総三は東山道先鋒嚮導隊あるいは「赤報隊」と称し、信州諸藩を脅し、あるいは宿駅の豪商を脅迫して糧食、金品を掠奪してまわり、農民に対しては「年貢半減」を約束したという。遂に東山道総督より追討令が出され、慶応四年二月一八日、信濃追分で逮捕され、明治三年三月、諏訪にて斬首された。彼は、革命期には必ずといっていいほど登場し、基本的にどちら側の人物なのか分からないまま、一瞬にして消えていく人物群の一人としか言いようがないだろう。

強盗、放火、殺戮犯が江戸中を暴れまわるというのでは、留守をあずかる幕閣も諸大名屋敷も自衛に乗り出さざるをえない。そこで留守幕閣は諸藩邸に厳戒を呼びかけ、庄内藩を中心にして、上山、岩槻、鯖江《さばえ》の各藩に治安出動を命じた。その矢先の一二月二二日、江戸城二の丸から火の手が上って、二の丸が全焼した。これは薩摩藩出身の天璋院《てんしょういん》（第一三代将軍家定未亡人）を奪取しようとした薩摩藩の仕業だとか、天璋院付きの女中が薩摩藩士と結んで行った放火だとかという噂が、たちまち江戸市中に広がった。江戸の人心は驚愕し、動揺した。諸藩の治安部隊は遂に不逞浪人たちを追いつめ、包囲した。しかし、彼らは三田の薩摩屋敷に逃げ込んだ。またその一部は品川沖の薩摩藩船に乗り込んでしまった。そこで庄内藩兵は薩摩屋敷を取り囲み、犯人引き渡しを要求。要求が拒否されるや、藩邸内に一勢砲撃を敢行した。死者数一〇人、降伏した残り全員は逮捕された。また品川沖の薩摩藩

船は幕府艦隊に追撃され、大坂湾まで逃れた所で、座礁させられた。

この「薩邸の変」が大坂城にもたらされたのが、一二月二八日であったという。つまり、周助が「奥御祐筆詰」を命じられたその日である。この変事がもたらされる数日前、京師の公卿、有力大名の会議（議定である者の会議）の代表として、尾張藩主徳川慶勝、福井藩主松平春嶽の二名が大坂城にやって来ていた。その趣旨は、あくまでも和平交渉の中で事態を解決しようということであった。つまり、慶喜に「辞官納地」を受け入れるよう勧め（「納地」については四百万石全部というのではなく、半分の二百万石までの交渉の余地ありとする条件つきで）、それと引き換えに新議定への参加を打診するものであった。しかし、実質二百万石の所領しかない徳川宗家に対して、二百万石の「納地」というのでは、やはり条件が厳し過ぎる。慶喜はなお返答を渋っていた。本心は「ノー」であったろう。しかし、御三家筆頭の尾張徳川の藩主、それに御三門の一つ田安家出身の福井松平の藩主を怒気を含んだ言葉で追い返すわけにもゆかず、慶喜は言を左右していたと伝えられている。

いずれにせよ慶喜の決意と結論は、京師での議定会議で慶喜自身の言葉で報告される必要がある。そこで二人は、慶喜に上京の勅令を出してもらったというのである。「少数の供廻りを伴って上洛せよ」というのだそうである。数千の反幕諸藩兵がいる京師に「少数の供廻りを伴って」というのはバカゲている。一体、「少数の供廻り」で誰が慶喜の身の安全を保障してくれるのか。それ以上に、そのような勅令が出ていたのかどうかさえ、やがて鳥羽、伏見の木戸口での押問答で問題となる。しかし、江戸からの「薩邸の変」の情報は、そんな些細な約束事さえも吹きとばしてしまった。

第二章　鳥羽伏見の戦いから彰義隊の乱へ

1　旧幕府軍「戦略」の不在

薩摩討つべし

「薩邸の変」の情報は、大坂城内にあった一万五千の将兵を激昂させた。江戸から海路二百の兵とともにかけつけた大目付滝川具挙《ともたか》もまた、城内の将兵をアジったらしい。「薩摩討つべし」の声が城壁をゆるがした。そんな中の一二月二九日夜、奥祐筆詰の周助が慶喜に呼び出された。伺候《しこう》してみると、「討薩表」の原案が示されたという。奥祐筆として手直しせよというのだそうである。「討薩表」とは、朝廷に対して薩摩藩の暴挙を五ヶ条にわたって訴え、張本人の引渡しを願い出、もしお聞き届けなき場合は止むをえず奸臣に誅殺《ちゅうさつ》を加えるというものである。やがて、数日後、大目付滝川具挙がこの「表」をかかげて入京することになるのだが、この「表」の原案を見せられた周助は、細かい辞句の修正より、まず全体として整った文体であることを慶喜に上

申したそうである。老中筆頭の板倉勝静《かつきよ》を中心とする幕閣の議論も一変してしまっていたという。今までの自重論から開戦やむなし論への転換であろう。三〇日夜は、慶喜も大広間に幕閣、主だった将士を集めて大いに弁舌をふるったと『自伝草稿』は伝えている。

これからの三日間が、旧幕府の命運を決することになる「鳥羽伏見の戦い」を控えての猶予期間である。これから指摘する旧幕府軍の問題点は、周助のような役職の者にとってはまったく責任外のことではあるが、少なくともその幾つかの点については目撃証人となっている。

最高司令官の不在

まず慶応四（一八六八）年正月元日、周助は何と「目付」に昇進している。幕府の「目付」といえば、さまざまな監察役のことであろう。当時、大坂城内に既に六人の目付がいたらしいが、何の監察をしていたのかは分からない。しかし、「目付」になった周助は、奥祐筆部屋から御目付部屋に移り、隣りの御用部屋に自由に出入り出来るようになっている。当日、御用部屋には老中筆頭板倉周防守（勝静）・松平豊前守（信篤）・平山図書頭《ずしょのかみ》・永井玄蕃頭《げんばのかみ》（尚志――ちなみにこの人物は三島由紀夫の曾祖父にあたる）・塚原但馬《たじま》守等がおり、大目付として滝川播摩守（具挙）・戸川伊豆守（安栄）がひかえ、目付は西周助以外六名の人物がいたという。

これだけの人員が御用部屋に集結したのであるから、おそらくこれから起こるであろう軍事的衝突を協議したのであろうが、それにしても協議の内容がお粗末にすぎる。この御用部屋の老中、若年寄、大目付たちが、上洛に当たっての旧幕府軍の「総司令部《グランダルメ》」を構成したのであろう。ところで最高司令官が誰なのかはっきりしていない。当時の西欧諸国の戦争において、最高司令官は国王（当時の日本

でなら国王に擬せられていた旧将軍慶喜）である必要はない。国王が任命した人物であればそれでいい。実際の戦闘は鳥羽口と伏見口の二手で行なわれたのであるから、当然にもこの二手に指揮官がいて、その背後に前線司令部と前線司令官がいなければならないはずである。一応、前線司令部は「淀」近辺に置かれ、前線司令官には、総督という名目で老中格の上総大多喜藩主大河内正質《まさただ》が任命されたことになっている。ところが、この人物どこで何をしていたのかさっぱりその輪郭が浮び上ってこない。あの「討薩長」を掲げて勇ましくも、鳥羽口の先頭に立っていた大目付滝川播摩守具挙にいたっては、薩摩藩からの砲撃一発に驚いて暴走し始めた乗馬にしがみつき、早々と前線を離脱してしまっている。旧幕府軍の一部には、フランス式軍装の伝習隊もあり、各藩もそれなりに近代化された部隊をもってもいたが、指揮命令系統は、実質的にはまったくそれぞれの藩軍団に分断されたままであったようである。

戦術の不在

次に、旧幕府軍側は上洛に当たっての作戦計画をまったく立てていなかったということである。あの「討薩表」は君側の奸を除くという大義名分を一応掲げてはいた。しかし、一万五千の大兵力を前にして、かりに五千の薩長軍が恐れをなして後退したら、それから先どうするつもりだったのか。一応、鳥羽口からの兵は二条城を奪還し、伏見口からの兵は大仏、黒谷を押えるつもりであったことまでは分かる。そこから先がまったく分からない。確かに西の二条城、東の黒谷を押えれば、御所を包囲できる。御所を包囲し、討幕派議定、参議を逮捕し、「辞官納地」を撤回させ、慶喜を中心とした新政府を作ろうとする意志をもっていたのかどうか。どうもそこまでの

意志や決意を慶喜が持っていたとは思われない。戦略的作戦計画は常に政治的目標とからみ合う。戦略的作戦計画の内容と規模をどこまで引きさげ、縮少するかは、これまた政治的状況のいかんによる。この戦略的作戦のいかんによって、戦術的作戦計画が立てられる。もちろん、戦術的作戦計画の成功、不成功が政治的戦略的作戦計画を膨張もさせ、縮少もさせることになる。

少なくとも、旧幕府軍は薩摩藩を新政府から取り除くという目標だけは掲げていた。とすれば、最低限の戦術的作戦計画は、抵抗するであろう薩摩軍と長州軍とをどう排除するかということであろう。伏見口の南、下鳥羽の南には後の昭和時代に入って干拓事業が進むまで、宇治川、木津川にはさまれて大きな巨椋池《おぐらいけ》というものがあった。干拓以前の写真集で見る限り、「池」というより「湖」に近い広大な水面がひろがっていた。その東西の両側に「池」に沿って道路が走っている。それにしても、一万五千もの大軍団を、河川が延び、「池」が広がって狭い道路が走るだけの鳥羽口、伏見口から何の覚悟もなく北上させるだけであったとは、あまりにお粗末、あまりに無策にすぎよう。淀近辺にあったはずの前線司令部と総督の大河内正質《まさただ》は、すぐにも情報収集活動を始めるべきなのに、その活動の様子は見られない。あの時の薩摩軍の本営は東寺にあった。淀の前線司令部からは目と鼻の先である。しかも、周助の『自伝草稿』によれば、二条城撤収の後始末を仕終った旧幕臣団、しかも武装している旧幕臣団が、前日、この近辺を通過して大坂城に入っている。大坂城大広間の総司令部も、淀の前線司令部も、無策を通りこして、まったくの無能としか言いようがない。あの旧幕臣団を撤収させず、あるいは途中で止め置き、分遣隊《デタッチメント》を派遣して、桂—嵐山から二条城に入るべきであったのだ。

一二月二九日の「討薩表」の文案を考察している段階でなら、京―大坂間の連絡網はまだ遮断されていない。時間的ゆとりは十分すぎるほどあった。ましてや長州藩は薩摩藩に比べて配備がはるかに遅れていた。

二条城の旧幕臣撤収団を撤収させず、逆に分遣隊を秘かに（名目は何とでもつけられる）入れておけば、東寺の薩摩軍を南北から包囲挟撃するという戦術的作戦計画を作動させることもできたであろう。更に言うなら、あの時、近隣の親幕諸藩も動員態勢に入っていた。福井藩も京師に向かって出兵していたし、若狭の小浜藩などは地理的に近いこともあって、京の北辺に迫っていた。しかし、小浜藩は結局、鳥羽伏見の戦いに間に合わず、引き返してしまっている。これら諸藩の出兵を督戦し、京師を重包囲するというのが、総司令部ある前線司令部の役割であっただろう。しかし、そんなことはおろか、鳥羽伏見の戦いの始まる前日に、二条城の撤収作業部隊でさえ、みすみす撤退させてしまっている。

兵器編成の問題

鳥羽伏見の戦いを考えるに当たって、今更ながら唸《うな》らされる第三の点は、その兵器編成の古さである。もっと具体的に言えば、軍隊の打撃力を何であると考えていたのかということである。西欧諸国では、軍隊の攻撃力、打撃力の中心は砲兵隊であると考えられていた。この考え方は、近代以前からのものであったが、特に一九世紀初頭のあのナポレオン諸戦役以来、この傾向は顕著になって来ている。確かに、歩兵隊の主力火器である小銃の打撃力も無視しえない存在ではある。しかし、これは射程距離が短いし、基本的には一対一の兵器である。接近戦では有効な側面もあるが、敵主力が数キロメートル先に布陣しているなどという状況の下では、まったく

使用できない兵器である。このような時、馬に引かせ小型に標準化された大砲群によって一気に敵主力に接近して、砲撃を加えて一気に引き返すこと。逆の立場に立って言うなら、強力な敵が一気に攻撃を仕掛けてきた場合、防御陣の中から大砲群で砲撃を加えて敵の攻撃力を削《そ》ぎ、なおかつ押し寄せる残敵を小銃の火線で倒すというのが、近代戦の常識になっていた。

したがって、一〇万の軍団が数百門の大砲群を配備しているなどということは当たり前のことであった。一八一二年、ナポレオンは六〇数万の大軍でロシア国境を突破した。後進国のロシア軍でさえ、歩兵約三〇万に対して約千七百門の大砲群、砲兵隊約四万で迎え撃った。ナポレオンがロシアでの越冬不可と判断し、モスクワ撤退を決意した時、残存兵力九万数千に六百五門の大砲群がまだ彼の掌中にあったという。鳥羽伏見の戦いより半世紀も前の戦争で、しかも最も後進国のロシア軍でさえこの数である。ナポレオン軍の場合は、スモレンスク、ボロジノ等の各地の激戦で兵力、大砲群を消耗し尽した後の数がこれである。

あの戦いから半世紀後、鳥羽伏見の戦いで両軍合せて約二万の兵力なら、百門以上の大砲群があの戦場に配備されていなければならない計算になる。ところが記録によると、鳥羽口、伏見口の二方面で旧幕府軍一万五千の大砲は一〇数門でしかない。これに対して迎え撃った側の長州藩は、急いで配備につかなければならなかったために、大砲の準備なし。薩摩藩だけがこの日あるを予想して配備していたのが、一〇門強といったところであった。戦後、多くの証人あるいは研究者が、勝敗の分かれ目が両軍の小銃の性能の優劣にあったと論じている。もちろん、それには違いない。しかし、両軍の

大砲の性能の差、あるいは大砲配備の意図の差について論じた研究は少ない。各国公使や公使館員もまた鳥羽伏見の戦いの帰趨《きすう》をジィーと見ていたはずである。時代は普仏戦争（一八七〇〈明治三〉年）を間近にひかえている。彼ら西欧公使館員は、極東の島国の遅れた戦争形態、遅れた戦争観を心の中では哀れんだにちがいない。

鳥羽伏見の戦況

さて、結果的には以上のような諸問題を内に孕みながらも、二条城からの撤収組と入れ替わりに（「梅沢・田宮は二条城引渡し済みにて二日、三日のころ着坂と覚ゆ」『自伝草稿』）、正月二日には、旧幕府軍は大坂城を発進した。先頭には旧幕府の伝習隊を含む歩兵隊、それに続いて会津、桑名の両藩兵、更にはその後に各藩の藩兵が続いて、ひとまず淀を目指したようである。淀から桂を経て京師の西部から二条城を目指す分遣隊《デタッチメント》を出すこともなく、ただひたすら南の鳥羽口、伏見口から北上し入京を目指している。この進軍のスタイルは、圧倒的な兵力のデモンストレーションで武威を示し、相手の戦意を喪失させて後退させるという西欧の絶対王制下の軍がよく用いた軍事行動に似ている。しかし、ナポレオン戦争以降の近代戦争では、こんな手段は通用しない。近代戦争では敵軍にどこで遭遇し、どこで会戦（決戦）を求めるかの想定なしに、闇雲にある一定の地点に向けての軍事行動などありえない。敵軍もまたこちらの軍事行動に対して、可能な限りの兵力を結集して迎撃するものだからである。

この点では、迎え撃つ薩摩・長州連合軍の方が近代戦の理にかなっている。彼らは、旧幕府兵が鳥羽口を突破して北上すれば二条城を再接収するであろうことを予想し、まず東寺に本営を置いて、鳥

羽口を決戦地に選んでいた。また旧幕府兵や会津藩兵らが伏見口から北上すれば、旧幕府の兵站基地であった大仏、会津藩が京都守護職であった時の屯所、黒谷の金戒光明寺《こんかいこうみょうじ》を目指して進むであろうことを予想し、東福寺に本営を置いて、伏見奉行所近辺を会戦地に想定して布陣していた薩長連合軍。しかも、伏見口では東側の丘陵地帯と木戸口の北に砲兵隊を配置していたというに及んでは、近代戦で言う包囲迎撃態勢で旧幕府軍を待ち構えていたことになる。

当時の大砲の有効射程距離は短い。半世紀前の西欧ナポレオン戦役では最大二キロメートルであった。この時代では二倍の四キロメートルぐらいにはなっていたろう。小銃のそれはもっと短い。ナポレオン時代は百メートルであった。これも二倍として二百メートルぐらいであったろう。これはあくまでも有効射程距離のことである。弾丸がどこに飛んで行くか分からないような射ち方をすれば、もちろん、距離はもっと延びていた。いずれにしても、有効射程距離内の薩長軍の火砲の配備状況は肉眼でも十分確認できたはずである。装備の点では薩長軍に劣るわけではない旧幕府兵が先頭に立って、のこのこと薩長軍の有効射程距離内に入り、何らの戦闘態勢をもとることなく、木戸口を開けろ、開けないの押問答を繰り返していたこと自体、軍事行動上から見れば、常軌を逸している。

果たせるかな、正月三日午後五時頃、鳥羽口に押し寄せた大目付滝川具挙と見廻組四百名、その後に各藩藩兵がごやごやと続いて押し問答をしているさなか、突然、薩摩軍の砲撃が始まる。これで一挙に旧幕府軍側の先頭が崩れる。薩摩軍の放った砲弾の一発が、旧幕府軍の砲車に命中して打ち砕いたそうである。

この砲車とは大砲を運ぶための台車のことか、それともその後に続いている火薬、砲弾を積んだ車輌のことかはよく分からない。もし後者のことなら、大爆発となり、火焔、黒煙が一気に吹きあがって、それだけでも旧幕府軍の戦意を挫くのに効果があったであろう。鳥羽口の砲撃を合図に、同じく押問答をしていた伏見口の薩摩軍も砲撃を開始した。こちらでは、薩摩軍が東側の桃山丘陵地帯を押えている。いわゆる俯瞰高地に依っているこちらの薩摩軍砲兵隊は、鳥羽口以上に意気が上っていたにちがいない。こちらは突撃してくる旧幕府遊撃隊を寄せつけず、集中砲撃と一勢射撃で応戦し、ねばる遊撃隊、会津藩兵、新撰組等を撃退した。すぐに日没になりはしたが、伏見奉行所あるいは市街の一部に薩摩軍は火を放ち、燃えあがる炎の中での市街戦となった。炎に照らされていれば、砲撃、銃撃は十分可能である。ここでは薩長軍の攻撃力が衰えることはなかったという。

「三日の夜、奥詰をして周に命じ、大坂城天主台に上り、伏見に起る火を見せしむ。ここにおいてはじめて幕使の前駆兵戦に及びたるを知る。」

（『自伝草稿』）

三日の夜は、周助は何度か天主台に登り、御用部屋の老中板倉に戦況報告をしている。その後、周助は、病欠の室賀甲斐守とやらに出勤を促すため市内の宿舎に出向いている。呑気なものである。戦争になっちゃったから、病欠を取りやめて、出勤して下さいと言いに行ったというのである。四日になってようやく淀の前線司令部から報告が届いたという。「四日に至り、敗報達し、城内昏沓《こんとう》もっと

もはなはだし」(同書)。この記事と合わせ、オヤと思うのは、当時、慶喜の部屋には電信機・電燈・発電機まであって、周助は慶喜の御用に応ずべく、市中に電池用の硝酸銅まで買い求めに出向いたということだ。おそらく、それらは長崎から取り寄せたか、フランス公使からの贈り物であったろう。慶喜がそれらをわざわざ大坂城の自室にまで持ち込み、周助に作動させようとしていたのは、慶喜が新しいもの好きということだけではなく、戦争に備えてのことであったろう。この時から二年後に起こるいわゆる「エムス電報事件」が普仏両国の戦争の発端となったように、西欧諸国では電信電報が通信手段として使われ始めていた。しかし、慶応四年の段階では将軍の自室どまりであり、戦争の実用には間に合わなかった。実用化はこの鳥羽伏見の戦いの一年後、築地—横浜間においてであった。

それはさておき、前夜の前哨戦が終わって、正月四日の朝は、北風の吹く寒いが晴れた一日であったという。昨夜の薩長軍の思わぬ急襲で敗北し、後退した旧幕府軍は戦線を建て直す。砲銃撃に対抗するためには、当たり前のことだが堡塁《ほるい》あるいは橋頭堡を築いて籠り、ここを拠点にして反撃に転ずることである。下鳥羽方面の旧幕府軍はこれに一応成功し、押し寄せる薩長銃隊を一時的にもせよ撃退したらしい。しかし、この時どのくらいの数の大砲群が旧幕府軍側に残されていたのかは知らないが、砲撃によって薩長軍側の出撃拠点を潰すという行動まではとりえていない。伏見口の方は、この時、小康状態のようであった。とにかく、下鳥羽方面の旧幕府軍の反撃がある程度成功し、薩長軍側がかなりの犠牲者を出して後退した情報は、淀の本営にも、大坂城にももたらされた。「一時、わが伝習兵(あのフランス式装備の旧幕府歩兵)すこぶる捷を得ると聞く」(『自伝草稿』)。

五日の朝も、前日に引き続き北風のひどい寒い朝であったという。前日は堡塁に依って反撃した旧幕府軍が優勢であった。とすれば薩長軍としては火砲を集中させ、これらの堡塁を逐次撃破するという作戦をとらなければならない。事実もその通りであった。この日の主戦場も鳥羽方面であった。伏見口の方は旧幕府軍側は陣を引き払い鳥羽方面へ移動していたからである。この方面の薩摩藩兵はまず濃密な砲撃によって堡塁による旧幕府軍の動きを封じ、次に集団銃装歩兵の前進によって旧幕府軍陣地を圧倒した。それを阻止しようとして出撃してきた会津藩兵の長槍隊などはまったく歯が立たなかった。それでも堡塁に依っていれば多少の時間かせぎはできる。この間、旧幕府軍も火線を敷いて防戦し、薩長軍を多少押し戻すことには成功している。つまり、この日、薩長軍は優勢ながら、一進一退の戦いが続いたということである。

錦の御旗

この時、薩長軍側に見なれない旗が掲げられたのである。いわゆる「錦《にしき》の御旗《みはた》」である。この効果は絶大であったと多くの歴史家たちは述べている。確かに両軍の上層部はこの旗の意味を理解していただろう。しかし、両軍の兵士の大部分は教養人ではない。「錦の御旗」によって戦局が決したわけでは更々ない。戦局を決したのは、薩長軍の戦術的作戦が統一されており優れていたからであり、旧幕府軍にはそれがなかったからである。それが証拠に、旧幕府軍が敗北の後、大坂城に引きあげてからも、彼らの戦意だけは衰えていない。また、明治になってから書かれた周助の『自伝草稿』にも、そのことについては一切触れられていない。つまり、明治体制の正統化のために後年、規定されることになる「官軍」「賊軍」意識など、幕末の旧幕臣たちは持ちあわせてい

なかったということであろう。もっとも、江戸城開城後の『自伝草稿』の記述には、「官兵」「朝臣」という文言が出てくる。しかも、かなりの「非難」がましい「皮肉」をこめてのものである。

山本覚馬の登場

記述をもとに戻そう。五日の午前、一進一退の戦局ながら、薩摩藩兵の砲撃の方が優勢であり、旧幕府軍はじりじりと淀方面への後退を余儀なくされた。この時の旧幕府伝習隊の奮戦は薩長軍側も認めるほどすさまじいものであったという。旧幕府軍の後退に合わせて諸藩の兵も後退する。淀方面への沼沢地帯の道路は、破壊された大砲小銃、遺棄された死体で足の踏み場もないほどであったと伝えられている。薩摩藩兵の正確な砲撃、銃撃を支え切れず、会津・桑名の両藩兵も撤退する。

その時、会津藩兵がすべて撤退したにも拘わらず、硝煙の晴れやらぬ中で、失明状態の一人の会津兵が北から南へと歩を進めて来て、薩摩藩の哨兵線にからめ取られたという。名を山本覚馬といった。彼は両眼が不自由になってしまったため、会津藩から従軍を許されず、病床に留め置かれていたのであった。しかし、会津藩苦戦の報を聞いて病床にいたたまれず、杖を頼りに飛び出して来たのであろう。もちろん、彼は薩摩軍の捕虜となる。彼の述懐によると、薩摩藩兵の取り扱いは大変丁寧であったという。彼は、かつて元治元（一八六四）年七月の「禁門の変」の折、会津藩砲兵隊の隊長として活躍し、当時、同盟軍であった薩摩藩にも彼の勇姿を見知っている人が多かったからである。そしてまた彼は、西周助の更雀寺での連続講義に熱心に列席し、そのノートを京師のさる場所に保管しておいた男でもある。この盲目になり、かつ歩行も困難になった山本覚馬が、明治に入って恩師西周助の

前に立ち現われ、あの『百一新論』講義録を提出したことは、既に述べておいた。その後、彼は京都府議会議長という要職まで務め、最後に、あの新島襄と出会う。彼はよく新島を助け、同志社大学二代目総長として、かつ敬虔《けいけん》なクリスチャンとして、その生涯をまっとうする（妹八重は新島夫人）。

五日の午後、淀に撤退してきた旧幕府軍、諸藩藩兵は、堡塁ではなく、本格的な城郭内への本営移転と休息を求めて、淀城内への入城を求めた。淀藩藩主は、今、江戸城内にあって留守幕閣を預っている老中稲葉正邦である。だが、何としたことか、城内の淀藩士たちは城門を固く閉ざし、旧幕府軍の入城を拒んでしまった。「裏切り」である。旧幕府軍側が激昂したのは言うまでもない。しかし、背後から薩長軍が迫っている以上、前面の淀城と事を構えているわけにはいかない。そこで旧幕府軍は薩長軍が進出してくる橋々を焼き払い、淀川を更に西南に後退し、石清水八幡の西、淀川をはさんで対岸の山崎と対応する橋本の狭隘地に布陣した。対岸の山崎には旧幕府軍側の津、藤堂藩砲兵隊も布陣しているし、ここに堅陣を構えれば、背後の大坂城からの支援も受けられやすい。夜通しの陣地構築で夜が明けた六日朝方、何としたことか、頼もしい味方のはずの対岸の津、藤堂藩が、旧幕府軍の籠る橋本の陣地に一勢砲撃を加えてきたのである。前日の淀藩、この日の津藩の不穏な動きを事前に把握しえなかったのは、何といっても前線司令部の手抜かりであったし、それ以上に、前線司令官に当たる総督大河内正質の力量不足であった。前面の

山本覚馬

薩摩藩の攻撃、側面の津藩からの不意の砲撃にあっては、いかなる堅陣に依っていても支え切れなかったであろう。旧幕府軍の一部と会津藩兵が必死に防戦するなか、遂に全軍が崩壊するような形で、大坂城へ向けて撤退する。津、藤堂藩の手痛い「裏切り」が、旧幕府軍にトドメを刺したようなものであった。

敗走する旧幕府軍

近代戦では、相手の軍が潰滅状態で敗走し始めた時は、こちらの騎兵隊の出撃の時である。騎兵隊の突撃によって潰走する残敵を掃討するのである。しかし、この時、薩長軍に騎兵隊の用意などなかった。しかも橋本の陣地から大坂までは距離も短い。大坂から出迎えの軍があれば、旧幕府軍は痛手も少なく撤収できる。

「六日夜に至り、永井玄蕃頭、周を召し、御用部屋に至り、明早をもって松平下総守《しもふさ》（武蔵国忍《おし》の城主。時に家臣の兵大坂天満辺にあり）の邸に使し、その兵を守口《もりぐち》に発遣し警備に供せしむ。周をしてその発遣しおわるを督視し反命せしむ。よってその邸に至り、旨を伝う。これ暁、今の三時ごろのことなり。その家老某これを諾す。曰く、《兵隊今まさに準備に従事す。しばらくこれを待て》と。すなわち待つことすこぶる久し。ほとんど午前に至り、隊備わると告ぐ。すなわちこれと同行して守口に至る。すでに守口に至れば、各処の隊兵離散して列なし。何のゆえたるを知らず。ただ敗兆を知るのみ。」（『自伝草稿』）

周助は「目付」であるので、各藩督察（この時、周助の場合は忍藩）の役割を仰《おお》せ付かったというのである。それにしても総司令部も呑気なものである。六日午後には橋本の旧幕府軍は潰走し始めており、同日夕刻には続々と敗走兵が大坂城にたどり着いていた。そこで御用部屋（総司令部？）は、ようやく出迎えと警備のために重い腰を上げたというわけである。警備といっても、敗走兵誘導のための警備のことであろう。他方、大坂城に早目にたどり着いた敗残兵を前にして、慶喜は「縦令《たとい》千騎戦歿して一騎と為ると雖《いえど》も退くべからず。汝等宜《よろ》しく奮発《ふんぱつ》して力を尽すべし。」（『会津戊辰戦史』）とアジったと伝えられている。要するに、「ひるむな！　最後の一騎となっても戦え！」というわけである。そうアジられるまでもなく、旧幕府兵、会津藩兵を中心とした諸藩兵たちは、なおも戦意が旺盛であり、今度は大坂城を根拠地にして戦うつもりであった。おそらく、このような雰囲気の下で、周助は忍藩動員のために城下の天満に赴いたのであろう。何とまあ、忍藩ものんびりしたものである。夜だから兵がなかなか集まらない。集まるまでしばらく待ってくれと言って半日も待たせているのである。先ほどまで、天満から二〇数キロメートル先の橋本で、回天の死闘が繰りひろげられていたというのに、何という言い草かと思う。兵が整って守口に赴いた時には、橋本からの撤収はほぼ終わっていた。しかし、大坂城では同日夜遅く、それ以上の思わぬ事態が起こっていた。

慶喜、大坂城を脱出

六日深夜、あれほど「最後の一騎」になっても戦えとアジっていた慶喜が大坂城を見捨ててしまったのである。彼は老中板倉勝静《かつきよ》、会津藩主松平容保《かたもり》、桑名藩主松平定敬《さだあき》ら少数の供廻りをともなって、ひそかに大坂城を抜け出し、大坂湾に出た。その夜は

大坂湾天保山沖のアメリカの軍艦で一夜を明かし、翌朝、開陽丸を探し当てて乗船した。艦長榎本武揚は大坂城に出向いていて不在であった。そこで、副艦長沢太郎左衛門（既に述べたように、二人は文久二年のオランダ留学組の同期である）に命じて、江戸に向かった。開陽丸が品川沖にたどり着いたのは、正月一一日早朝のことであった。

慶喜のこの大坂城脱出については、後世さまざまなことが言われてきている。その一つは、激昂している城内をさらにそれ以上激昂させるにしのびなく、スムーズな政権交替をはかるべく大坂城を離れたのだ、とする説である。だが、彼は脱出の直前までアジりまくっていたではないかという反論に対しては、アジってはみたが旧幕府体制ではもうダメだと彼は判断したのだ。だからこそ、彼は最も戦意の高い会津・桑名の両藩主を家臣団から切り離すべく、同行を求めたのだという。これは特に明治以降になって流された説であり、あの時の薩長軍の無血政権奪取を正当化するための説である。あまつさえ、その後、無抵抗、謹慎を貫いた点で、慶喜を聡明な君主扱いにする始末である。

これとはまったく逆の見方もある。慶喜はこの段階では関東での兵力の再結集の可能性、あるいは関東限定の政権（?）の可能性をまだ探っていたとする説である。フランス公使ロッシュにも進言されていたはずである。関東の旧幕領兵と東北諸藩兵とを合せれば、優に新政府の軍に対決できる。首脳部を急いで関東に移すためには、首脳部脱出を敵にさとられないために味方をも騙して大坂城を夜陰にまぎれて脱け出さざるをえなかったのだというのである。確かに、薩長軍は橋本を奪取した後、行動が慎重になっている。旧将軍と幕閣とが一万数千の将兵とともに籠る（と考えられる）広大な大

坂城を数千の兵力で攻め落とせるわけはないからである。そしてまた江戸に戻った慶喜も、半月間の思考は不明だが、主戦派の会津・桑名の両藩兵を江戸から去らせる決意をしたのは、二月も中旬に入ってのことであったではないかとも言う。しかし、この説も信憑性に欠けるところがある。慶喜がそれほど用意周到な人物であり、計画性のある人物なら、鳥羽伏見の戦いの最中の無策ぶりは何とも説明の仕様がないからである。したがって、ここはしばらく西周助の『自伝草稿』によって、事実だけを追ってゆくことにしよう。

西周助、会津藩兵とともに江戸へ

周助が忍藩兵を促して守口の警備についた正月七日の朝には、慶喜たち首脳部は既に大坂湾の開陽丸船上にあった。守口の警備は不用と判断した周助は大坂城に急いでとって返す。大目付の永井玄蕃頭がすぐ御用部屋に周助を呼んだという。

「玄蕃頭曰く、《事すでにここに至る、これをいかにせん》と、余がいう、《板倉侯ならびに会津・桑名諸侯いかん》曰く、《これらみな将軍に随う》曰く、《遺書もしくは後事を処する命ありや》曰く、《なし》曰く、《しからばすなわち将軍家の旨意また知るべからず。うやうやしく江戸に還りて後命を待つにしかず》と。」

そこで周助は、城内の将兵に対し、紀州路をとれと命じ、あわせて同じ目付の妻木某と多宮某に京に潜入させ、尾張藩主と福井藩主（ともに新政府の議定）に会い、大坂城引き渡し状を手渡すよう指示

している。この引き渡し状が新政府側に渡った段階で、大坂城に旧幕府首脳が存在しないことが明らかになった。それでもなお薩長軍の進撃は慎重であったという。大目付の指示に従ってのことであろうが、それにしても周助の行動は極めてテキパキとしている。小銃武装の下僕とともに城を後にしたのは七日の夕刻であった。

大坂城を出て、南の堺の町に入った時、大坂城が燃えているのが望見できたそうである。これは撤兵の際の失火が原因であった。和歌山に到着したのは九日夜。一万もの旧幕府軍が和歌山城下に入ったのであるから、紀州藩としてはえらく迷惑顔であったらしい。第一四代将軍家茂を出した藩であるから、本来なら迷惑顔などしていられないはずである。しかしこの時、高野山で討幕派が挙兵し、今にも和歌山城下に討ち入ろうとする状況であった。したがって、城下に警戒出兵していた紀州藩兵は東の高野山方面に気を取られ、敗走してきた旧幕府軍に対する対応は気もそぞろであったらしい。気もそぞろの紀州藩と交渉の結果、第一陣は紀州藩船光明丸で和歌浦より江戸湾に向けて出港。ただし、周助はもともと津和野藩の藩医でもあったため、傷病兵看護のためしばらく和歌山にとどまり、幕府軍艦や傭われ外国船が続々と大坂湾や和歌浦や由良港に入港してきたうちの一隻ヘルマン号に会津藩の傷病兵とともに乗船し、江戸に帰る。会津藩兵の傷病兵に対しても、周助は手厚く看護の手を差しのべたのであろう。江戸に帰ると、周助は会津藩から宿舎の提供という返礼を受ける。周助らが江戸湾に着いたのは、慶喜ら一行に遅れること一〇日の二一日夜のことであったという。もちろん、旧幕府軍の敗兵のうち一部は、陸路、伊賀越えで江戸に帰ったグループもあった。これで、鳥羽伏見の戦

いにおける上方での戦後処理は終わる。しかし、本当の戦後処理はこれから始まるといっていい。

2　江戸無血開城

洋の東西を問わず、敗走する軍隊は時として野盗の群《むれ》と化すものである。野盗の群と化すところまでは落ちずとも、指揮命令系統は乱れ、内部規律は緩む。一月

旧幕府側の混乱

下旬にもなると、鳥羽伏見の戦いでの敗兵のあらかたは江戸に戻っていた。この段階での旧幕府軍歩兵隊の規律はかなり緩んでしまっていた。江戸の各屯所に戻った歩兵隊員たちは、これからの自分たちの運命について不満と不安が嵩じていた。もともと彼らは扶持米取りの幕臣ではなく、給金を条件にしての徴募兵にしかすぎなかった。もちろん、幕臣の子弟もいたが町人もいた。ところが、その給金、給食でさえ満足に支払ってもらえなくなったのでは、彼らの動揺は当然のことであった。江戸の町にも不安は広がっていたが、一月下旬から二月上旬の段階では、まだ旧幕府兵の暴発、脱走はない。

これに対して、江戸に戻った諸藩、特に会津藩の規律は緩むどころか、むしろ逆に厳格化さえしている。京師における会津藩外交失敗の責任者を処断（恭順派の代表神保修理に切腹を命ず）し、慶喜から江戸退去を命じられた二月中旬には、八千挺の新式小銃を購入し、随所に残留間者を配置して帰国している。会津藩のこの厳然とした態度が旧幕臣、旧幕府歩兵隊の不満組をして会津を目指して脱走、遁走させることになり、やがて戊辰《ぼしん》戦争最大の悲劇を会津の地に招き寄せることになる。だが、それ

は、西周助らが江戸湾に到着してから八ヶ月も後のことである。

慶喜に遅れること一〇日、一月二一日、江戸湾にたどり着いた周助は、翌二二日、さっそく江戸城に登城している。もちろん、目付である周助は、御目付部屋で同僚の目付たちと無事での再会を喜びあう。しかし、この段階で目付たちの役割はほとんど無かったらしい。本来なら、この時期は目の回るほど忙しくなければおかしいはずである。和戦どちらの方針をとるにせよ、傷ついて江戸に戻ってきた将兵の後始末、諸外国への対応、最後まで佐幕を貫いてくれた諸藩との今後の対応の協議等々。どうも慶喜と大部分の幕府首脳の思考性は京師の方ばかりを向いていたようである。もちろん、幕閣の一部、例えば老中筆頭の備中高梁《たかはし》藩主板倉勝静、同じく老中の肥前唐津藩主小笠原長行《ながみち》らは慶喜の思考性とは別の思考性を持ち、やがて結成される奥羽越列藩同盟に加担してゆくことになりはする。しかし、彼らとて明確な意図があってのことではないし、また同盟を指導する力量を自負してのことでもない。ただ彼らとしては領国を新政府軍に押さえられてしまったので、帰国しようにもできなかったまでのことである。もし慶喜の態度を「無責任」と評するなら、あれほど「納地」にこだわっていた慶喜が、この時期以降、一人だけ赦免されることを願って、旧将軍としての佐幕派諸藩に対する責任、徳川宗家当主としての幕臣あるいは新設諸隊員に対する責任を放棄してしまったことであろう。後事をまかされた勝海舟にしても大久保一翁にしても、既に幕府諸制度は崩壊してしまっているのであるから、事後処理にはさぞかし困惑したことであろう。とは言え、そんな徳川宗家と旧幕府関係諸機関の困惑を、目付風情《ふぜい》の周助があずかり知るわけはない。

西周助、会津藩上屋敷に転がり込む

周助は、江戸には戻ってみたが開成所の役宅から妻子が疎開してしまっているし、世情が物騒なので無人の役宅に一人暮しができそうにもない。そこで、会津藩の好意に甘えて、しばらくの間、和田倉門内の同藩上屋敷に逗留させてもらうことにしたという。特に、会津藩家老内藤介右衛門とは和歌山からヘルマン号での帰路で同船し、懇意になっていたからでもある。しかも、京師で洋学塾を開いていた時の塾頭の福住某、周助の妻女の一族石川某、周助の下僕まで含め、言うならば西周助の一族郎党のあらかたが会津藩上屋敷に転がり込んでいる。当時、会津藩上屋敷には数百の藩兵がおり、屋敷内とその周辺地帯は最も治安が保たれていたであろう。ちなみに言うなら、この時から八ヶ月後、家老内藤介右衛門は、会津戦争で総督陣将として奮戦し、藩降伏に当っては、藩主父子に従って降伏式に出席している。ただし、周助の『自伝草稿』には、そのような記述はない。

周助は、しばらくは会津藩上屋敷から江戸城御目付部屋に通うことになる。ところで、『自伝草稿』は、この後、奇妙な話を伝えている。多分、一月下旬から二月上旬にかけての頃であろう。この頃、開成所の津田真道、加藤弘之、鵜殿団次郎らも相次いで目付（監察）に任じられていた。彼らは「集議所」設置を唱えて、慶喜と面談していたというのである。津田真道にいたっては、前々からそのことで慶喜と相談しており、目付（監察）になったのも、もっぱら「集議所」設立専任としてであったという。頃は一月中旬というから、慶喜が江戸城に戻ってすぐということになる。慶喜が周助にイギリス議会の様子だの、三権分立の実態だのを聞きただしていたのは、前年暮れの二条城においてであ

った。この時、新政府側は総裁、議定、参議などという新しい職制で動こうとしていたので、幕府側も対抗上何らかの新制度は必要と考え、周助ら監察に何かと諮問していたのであろう。江戸城に戻ってすぐ、和戦どちらとも決しかねているこの時期、開成所の学者グループと「集議所」構想をめぐって、慶喜がかなりの時間を割いているらしいことは注目に価する。「集議所」といっても、多分、有力佐幕派諸大名あるいは幕臣中心の集会であったのだろうが、詳しいことはまったく分からない。鳥羽伏見の戦いの敗戦の後、旧幕臣の結束が固まった様子もないので、慶喜としては彼らに求心力を持たせる方策の一つとしての構想であったのだろうか。慶喜は奥祐筆でもあった周助に、その構想作成に参加せよと命じたそうである。「このころ余は船中より（注—和歌山からの帰還の船）風邪にて声嗄《か》れ、今はこのことに任じたれば（注—「集議所」設立の任）、国家の大事とはいえ、……数日の暇を請いえて引き籠もり」、あまりこの構想に参加できなかったというのである。

慶喜、恭順の意志表明

一月中旬には、既に強硬主戦派の勘定奉行兼陸軍奉行の小栗上野介忠順《ただまさ》は罷免され、知行地に帰っており、一月下旬には新陸軍総裁に勝安房守《あわのかみ》義邦《よしくに》（海舟）が任命されている。学者グループの「集議所」設立構想とその論議は、この前後のことであるが、勝海舟の登場とともに、この構想も何故か立ち消えになってしまっている。彼の登場は慶喜が恭順の意志をはっきり表示したことを意味するからであろう。恭順の意志表明は結局すべてを投げ捨ててしまったことのようである。二月上旬、そのことが旧幕府諸隊に知れ渡り、諸隊解散の噂が流れ出すと、市内各屯所の歩兵隊は収拾のつかないほど荒れ出す。当然であろう。彼らは命がけで戦ってきて、江

戸に戻ってみたら何の身分保障もなく、失業者として町に投げ出されようとしているのである。二月中旬、会津藩兵の一部が領国に去り、桑名藩兵も越後柏崎の桑名藩飛地（領国桑名は藩論が新政府側に変わっていた）に去ろうとするや、旧幕府諸隊もまた江戸ではなく、北関東あるいは東北諸藩に新たな可能性を求める動きを示し始めた。慶喜も新陸軍総裁の勝海舟も彼らの労苦に酬い、慰撫《いぶ》しようとしなかったこと、あるいはできなかった点では責められてしかるべきであろう。

西周助、寛永寺出仕

周助が風邪で倒れてしまったという二月上旬から中旬にかけて、旧幕府歩兵隊は集団示威行動、上官殺傷、集団脱走など、もはや、新陸軍総裁にも抑えられない状態になっていた。しかし、周助は会津藩上屋敷という最も安全な場所にかくまわれるようにして居住していたので、市中の混乱に巻き込まれずにすんだ。だが会津藩主への帰国命令の期限の日は迫る。その直前、周助は同じ目付役から、書面で、御目付格奥詰として、二月一三日より上野東叡山寛永寺に出仕せよという命令を受けとる。この間の事情は病臥《びょうが》していても、会津藩家老内藤介右衛門から聞きおよんでいたであろう。会津藩主松平容保からも大変な好遇を受けたことを感謝しつつ、周助は、二月一四日から、浅草鳥越の無人化していた因州池田藩邸に移り、そこから上野寛永寺に出仕することになる。

顔つき、身体つきのいかつさに似合わず、西周助という人物は、意外と人付きあいが良い人物であったのではあるまいか。若い頃には自己売込みをはかる、かなり強引な性格も目立ったが、中年（鳥羽伏見の戦い当時、数え年四〇歳）になってからはその点も薄らぎ、比較的調和と思いやりのある紳士

になっていたのではないかと思われる。というのも、あの時、断固たる決意を固めていた会津藩の松平容保や内藤介右衛門からも好遇を受け、また弁舌さわやかではあるが意志を貫く点ではいまいちであった徳川慶喜にも、最後の最後まで奥詰（秘書）として所望されているからである。良い悪いは別として、やがて、新政府の山縣有朋にも重用されることになるのも、彼の人柄の良さゆえなのかも知れない。

それはともあれ、二月一三日から四月一〇日までの五八日間を、周助は寛永寺の慶喜の側で過ごすことになる。ところが、周助が慶喜の側で安穏《あんのん》に日を送ったこの五八日こそが、旧幕府にとっても、江戸の人々にとっても最も多難な時期であった。新政府の東海道軍は三月上旬には箱根の関を越え、三月一一日には品川宿まで進出し、そこで全軍停止し、江戸突入の機会をうかがっていた。他方、東山道軍は板橋宿あるいは新宿に入り、同じくそこで進出をやめ、江戸突入の機会をうかがっていた。勝海舟と西郷隆盛との最後の交渉のゆくえを見守るためである。三月一三日、両者の交渉で江戸城無血開城の了解が成る。そこで新政府軍の各方面軍は安んじて江戸市中に入り、それぞれかつての江戸屋敷を屯所にする。江戸無血開城の了解は成立したが、江戸市中にはまだまだ不安材料が山積していた。まず、あの旧幕府歩兵たちは、無血降伏に納得していなかったし、何よりも強固な戦闘部隊の会津藩兵の撤退が完了していなかった。そこで、江戸市中に入った新政府軍はまっ先に残存会津藩兵を攻撃するという噂が流れ、江戸市民の避難騒ぎまで持ちあがっていた（『藤岡屋日記』）。しかし、それは杞憂にしかすぎなかった。間一髪のところで、会津藩兵の全員撤退が完了していたからである。だ

が、旧幕府歩兵の多くは帰るべき国などあろうはずはない。四月一一日、新政府軍が江戸城に入城する前日、数千の幕兵あるいは幕府歩兵は江戸を脱出し、下総の市川に逃れた。彼らは旧幕府歩兵奉行大鳥圭介の私兵と化していた。

慶喜の謹慎生活

この間、慶喜は寛永寺方丈脇の四畳半ほどの茶室に籠り、謹慎生活を送っていた。蟄居謹慎《ちっきょきんしん》の身であるので、外部の者と談笑しあって日常生活を送れるわけはない。この五八日間で、脇室に控えていた周助でさえ、慶喜に呼ばれて茶室に入ったのは二度しかなかったそうである。一度目に呼ばれた時、慶喜は読書をしていたという。書物は『韓非子』であった。慶喜は、字句の音訓あるいは訓詁などを周助に聞きただすために呼び入れたらしい。二度めは、旧幕府歩兵隊が各屯所で騒乱状態になったときである。蟄居謹慎の生活を送っていても、外部の情報は逐一報告されていたらしい。おそらく大目付などが定期的に訪問していたのであろう。諸大名の使者が慶喜の真意を問いただすため、不意に訪ねてくることもあったらしい。周助は慶喜に取り次がず、引きとってもらっていることが『自伝草稿』に見えている。この二度目は、先ほども述べた通り、旧幕府歩兵隊が各屯所で騒乱状態に陥ったという情報が入った時であるという。この時、慶喜は周助を呼んで、江戸士民を諭す文の原案を作成するよう命じたそうである。周助の手になるこの一文は、すぐさま旧幕府から公布されることになった。「今、朝廷の軍に歯向かうことになれば、それはこの私（慶喜）に刃《やいば》を向けることになるのだ」という趣旨の布達である。

旧幕府歩兵の不満、騒乱は当然の事態であり、周助とてそのことを知らないはずはなかったのだが、

「これよりふたたび政堂上のことには関渉《ママ》なかりき」（『自伝草稿』）と、スラリと逃げ、慶喜に何も言上していない。周助のこの寡黙なオリコウサンぶりが、慶喜をはじめ多くの要路に重宝がられる彼のもう一つの性格であったのかも知れない。したがって、彼は三月一三日の勝と西郷の最後の交渉の結果について、何も語っていない。この重大な結果報告は、当然、寛永寺にもたらされていたはずなのだが。そしてまた、四月一一日の江戸無血開城についても、周助は何も記していない。同日、慶喜は江戸を退去し、水戸の弘道館においてなおも謹慎生活を余儀なくされることになる。何とこの時も、周助は慶喜にお供を命じられて、水戸にまでついて行く。よくよく周助は慶喜に好まれていたものと見える。この間の事情もただ淡々と身辺事情を述べているだけである。

だが、この時、下総市川に逃れた大鳥圭介麾下の旧幕府歩兵隊約三千は、小山宿を経て北上し、新政府にいち早く帰順していた宇都宮城を猛攻撃し、四月一九日、これを奪取占領していた。戦火は北関東から北信、上越にまで及んでいたのである。

3 彰義隊の乱

再び江戸へ

周助は、水戸の弘道館で、なおも一ヶ月間、慶喜の世話をすることになる。水戸の近辺、つまり、下総、上総、下野、上野地方の諸藩はまだまだ佐幕派が多かった。宇都宮城攻防戦を意識してか、さすがに『自伝草稿』もそのことに言及せざるをえなくなっている。「こ

の時、両野両総にありては、官軍、幕府の脱兵と戦いてたがいに勝敗あり。ここをもってこの辺の諸藩なおも佐幕論の士なきにあらず」。

ところが何としたことか、周助の一応の出身藩となっている佐倉藩（既に述べたように、本当の出身藩は津和野藩であるが、脱藩して、佐倉藩の陪臣となった）から、家老番の宗我部某が藩士数名を引きつれて、弘道館を尋ねてきたという。もちろん、慶喜の真意を問いただすためである。慶喜は面会謝絶を周助に伝えた。この一件を見ても、北関東諸藩のうろたえぶりが目に見えるようである。だが、この段階で慶喜は完全に過去の人になってしまっている。大鳥圭介に率いられる旧幕府歩兵隊も、それを支援しようとする会津藩も、もはや、慶喜のために戦おうとしているのではない。

「水戸にある二十七ヶ日、閏《うるう》四月十一日、御暇を賜り、帰府を命ぜらる」。この一〇日後、慶喜は謹慎を解かれ、徳川宗家は田安亀之助（家達）の相続と決まる。周助は慶喜に大久保一翁への伝言を頼まれて江戸に帰ってくる。江戸に帰ってみると、周助は再び目付に任じられたという。幕府は滅んでも、徳川宗家は残り、なおかつ旧幕府の諸職は新政府の諸制度がスタートするまでしばらく存続することになるからである。

周助はその人柄が貴顕に好まれたであろうことは、前にも述べておいた。ところで、もう一つ彼のパーソナリティーの特徴は、意外や、かなりナイーヴな側面をもっていたのではあるまいかということである。水戸から江戸に帰った周助は、再び浅草鳥越の池田藩邸に戻る。そこでまた先ほど述べておいた目付を再び拝命したというのであるが、しかし「余の徳川氏につかうるもとより家世の素ある

にあらず。しかしてふたたび監察（目付のこと）に拝すといえども、事の服従すべきあるにあらず。厚顔列につくは心に甘んじざるところあり。ここをもって病を引きて家にあり」（『自伝草稿』）。自分は歴代徳川氏の家臣ではない。徳川家が滅び、用もないのに目付に再任されて、ムダメシを喰わせてもらう（禄を食《は》む）のは忍びないといって、家に引き籠ってしまったというのである。

彰義隊の乱

周助が病気と称して家に閉じ籠っている間、彼は大事件に遭遇する。彰義隊《しょうぎたい》の乱、上野戦争である。彰義隊とは、旧幕府歩兵隊とは違って、上野に居る慶喜と輪王寺宮の身辺護衛あわせて江戸市中の治安維持のため、幕臣の二、三男を中心にして結成された組織であった。旧幕府公認のものであり、江戸に入ってまだ体制作りが整わない新政府の総督府も黙認せざるをえない組織であったと言える。だが、この彰義隊も江戸城が無血開城し、慶喜が水戸に去った頃から、反総督府の姿勢を強めていった。新政府の総督府としても、早晩、討伐せざるをえないと腹を決めていた。だが、総督府としてもすぐにも討伐できなかったのは、彼らがなおも輪王寺宮を擁していること、それに江戸市中での彼らの評判がすこぶる良好であったことによる。とは言え、彰義隊士の方としてもすべてが統制のとれた幕臣の子弟だけであったわけではない。総督府の兵と小競り合い、殺傷事件も多発してくる。

周助が引き籠っていた浅草鳥越の池田藩邸は、上野の山にも近く、かつ浅草の繁華街にも近い。「この時、余が居、窓下街路に臨む。この夜街上に追逐殺討のことあり、人みないう、《これ官兵党人（彰義隊士のこと）を捕うるなり》と」。そして遂に五月一五日、総督府軍の一勢攻撃が始まる。「（五月

一五日）暁のころに銃戦の声北方に聞こゆ。邸内に望火楼あり。登りてこれを観る。そのところを弁ぜず。しばらくありて上野に戦争ありと伝うる者あり。これをしばらくして砲声轟然楼上よりこれを観る。不忍池の上より上野の山門を砲撃するなり。十数発ののち火起こる。けだし脱兵敗するなり。晩に及んで事ようやく定まる。」

（『自伝草稿』）

敗兵を匿う

この時期、旧幕臣たちの抗戦派は既に北関東から東北に去っていた。奥羽越列藩同盟が成立（五月三日）し、新政府総督府は、中越から南東北の戦線に大量の兵力を送らねばならず、足許の江戸市中の反乱に手こずっているわけにはゆかなかった。初め数千を誇っていた彰義隊も、二万の総督府軍に包囲された段階では千数百に激減してしまっていたという。戦闘は総督府軍の激しい砲撃戦で一日で決着がついてしまった。この戦いで、旧幕臣のおおかたは日和見《ひよりみ》をきめ込むか、官兵側に協力していた。周助は水戸から帰った段階で、完全に旧幕府に見切りをつけていたようである。だが、見切りをつけて病気引き籠りを決めこんでしまったことと、かりにも幕府直参に列したことへの心情とは違うようである。否応なくこの乱に巻き込まれる事態が起こる。「余、もとよりこの徒と事をともにする者にあらずといえども、玉石ともに焚《や》かるる兵戦の習い」ではあるが、有為《ゆうい》の青年たちを多く死なせるのは心苦しいという。

そう思っているところへ、たまたま、石川良信の子金太郎という青年が尋ねて来たというのである。周助が奥詰、目付という役付になって徳川慶喜の近習になりえたのも、奥医師石川良信の口添のお蔭であった。その息子が尋ねてきて、昨夜、吉原の青楼（遊女屋）で遊んでいる時に、にわかに上野の

山で戦争が始まってしまい、帰るに帰れない状態になってしまった。一夜の宿を乞いたい、と言ったという。しかし、周助はすぐにも彰義隊の残党だと見抜きながらも、求めに応ずる。そこでその青年は更に尋ねたそうである。「君、家眷《かけん》（家族のこと）とともにここにある、危きことはなはだし。何時砲撃を受けんも測るべからず」と。確かに浅草鳥越は上野の山に近く、戦線がいささかでも拡大すれば銃砲撃にさらされるのは必定であった。周助は答えた。「余、幕士に列す。家を棄てて逃がるべからず。万一、事あらば命《めい》のみ」と。この二人の受け答えは微妙である。石川青年は、戦火が拡大すれば被害を受けるでしょうという問いの言外に、自分を彰義隊の残党と知って泊めて下されば、難儀がふりかかって参りましょうという問いを秘めて尋ねている。それに対する周助の答えは、かりそめにも私は幕臣だ。家を捨てて逃げるわけにはいかない。万一、事態が暗転し、つまり、残党隠匿の事実が露顕すれば、それは運命というものだ、というものである。この『自伝草稿』が明治に入って書かれたものであるにしても、いや明治に入って書かれたものであるからこそと言うべきか、新政府総督府軍に加担する多くの幕臣たちの無様な対応に対する周助の言外の不満、言外の憤懣《ふんまん》が滲《にじ》み出ているといっていい。時代を遠く隔ててしまった現時点でも、周助のこの心情は是とされてしかるべきなのではあるまいか。

そうは言って見たものの、脱出の道はありはしまいかと、周助は石川氏親子らとともに西の小川町方面に出て見たそうである。しかし、官兵の警戒が厳しく、かつ見せしめの斬殺死体まで晒《さら》してあるのを見て脱出不可能と知り、鳥越に引き返し、石川青年を一泊させたという。またもう一人、佐倉藩

での周助の友人木村某もまた彰義隊に加わり、敗走して隅田川に逃れ、向島に渡ろうとして官兵に捕えられ、その場で虐殺されてしまった話を周助は伝え聞き、「酸鼻にたえず」と書き留めてもいる。

御役御免

彰義隊の乱が鎮圧された後の方が、周助にとってはむしろ身分的・経済的に厳しい状況が訪れたようである。乱後九日目の五月二四日、徳川家達に駿府その他の七〇万石が与えられる。周助はかねてより病気を理由に奥詰、目付の役の辞退を願い出ていた。その願いが聞き届けられ、御役御免になり、同時に、勤仕並寄合を申し渡されたという。要するにこれで無役になったということであろう。ところでそうこうするうちに、寄合組頭より次のような回章がまわされてきたという。それによると、「この度、徳川家は駿府に新封を賜った。しかし、すべての旗本、御家人を養うわけにはいかない。そこで朝臣（つまり、新政府の役人）になりたい者は、その筋に願い出よ。また商工の道に入りたい者は勝手次第である」というのである。この回章を読んで周助は困ってしまった。実際のところ、多くの旗本、御家人は住居の当てもないのに、ワーと静岡に移動してしまったらしい。扶持米は計算上では三分の一に激減されることになるが、実質は無禄のまま移住したのだそうである。

周助は徳川譜代の臣ではない。また「朝臣を願うは素志にもあらず」、静岡に自費で出かけるにもお金がない。また悪いことにはこの頃、諸大名の江戸屋敷改め（調査）があり、浅草鳥越の池田藩邸も出ざるをえないことになる（『西周夫人升子の日記』川嶋保良、平成一三年、青蛙房による）。出身地の津和野藩邸には藩主の勘気がいまだ解けていないので厄介になるわけにはいかない。周助は途方に暮れ

てしまう。そこで周助に救いの手を差しのべてくれたのがまた佐倉藩関係者であった。かつて蕃所調所に採用された時世話になった手塚律蔵や佐倉藩時代の友人大築尚志が耳よりな話をもたらしてくれたのである。その話をそのまま転記するとこうである。

「今徳川氏の諸臣、耕地に遷移す。しかして阿部氏、沼津において新封の陸軍を起こし、大いに校黌《こう》を開かんと謀る。しかしてその主務教頭たる人を難《かた》んず。君もし意あらば、僕請う、これを説かん」と。

校長に当たる阿部潜は、開成所の教授をしていた周助の教頭就任を大いに喜んだそうである。これが「沼津兵学校」のスタートとなる。この兵学校は沼津城内に置かれ、全国から優れた青年を集め、その優れた教授陣によって近代兵学を組織的に教育した最初の兵学校と言われている。もちろん、資金、敷地、人材は徳川氏のものであったが、生徒は全国から集まり、やがて新政府の体制が整うや、明治政府の所管となる。

奥州動乱終結へ

もっとも、旗本、御家人が静岡移住を始め、周助に沼津兵学校教頭の話が持ちかけられた慶応四年六月末日の段階では戦火がおさまるどころの話ではなかった。彰義隊の乱で破れた輪王寺宮は、旧幕府海軍奉行榎本武揚の了解の下、幕府輸送船長鯨丸で北関東の最北端、勿来関《なこそのせき》に近い平潟《ひらかた》に上陸。平、三春を経て会津若松城に入った。同年六月六日であった。彰

義隊の乱（五月一五日）の前に結成された奥羽越列藩同盟（五月三日）は三一もの列藩によって成り、兵力は優に一〇万を超えていたであろう。この列藩同盟が輪王寺宮を盟主として迎えていたのである。またこの列藩同盟が水戸に謹慎中の慶喜をも拉致して副盟主として担《かつ》がないともかぎらない。周助も『自伝草稿』にそのことを記載している。「これよりさき三位公（家達のこと）、奥羽騒擾、水戸虞なきをまぬかれざるをもつて慶喜公を駿河に移さんと請い、鎮台府これを允《ゆる》す。ついに七月十日、公、航路、駿府宝台院に移住したまいき」。

慶喜が駿府に移された七月一〇日頃は、越後諸藩の戦線で、あるいは平、相馬といった太平洋側諸藩の戦線で、列藩同盟軍は守勢に立たされているとはいえ、まだまだ意気天を衝いていた。だが、八月に入ると列藩同盟軍の敗色が濃くなってくる。そんな時、品川沖に停泊していた旧幕府艦船八隻が、榎本武揚に率いられて江戸を脱出、北に向かう。八月一九日のことであった。彼らはひとまず仙台藩を目指すが、仙台藩の抵抗意志が崩れかかっていることを察知し、更に北上して蝦夷地の箱館五稜郭を目指した。八月下旬、列藩同盟の最強硬派会津藩への包囲が始まる。包囲した新政府軍は輜重部隊まで計算に入れればほぼ一〇万と言われている。これに対して、会津城下に参集した兵力は佐幕派の諸藩からの出兵、旧幕府歩兵隊、それに会津藩兵を入れて三万と言われている。両軍とも数千の戦死者を出し、激しい一ヶ月の攻防戦で会津藩は降伏した。この戦いで、周助一党に江戸会津藩上屋敷の一週に便宜を計ってくれた家老内藤介右衛門が獅子奮迅の戦いを展開していたことは前にも述べておいた。もちろん、そんなことは江戸にあった周助にとっては知るよしもない。会津藩の降伏は九月二

二日のことであった。会津城攻防の始まる九月八日、年号は慶応から明治へと改まっていた。したがって列藩同盟の瓦解、会津藩の敗北は明治元年九月二二日ということになる。

確かに、会津藩が降伏しても、戦闘はその後も若干続きはする。しかし、蝦夷地の榎本海軍を除いて、本州での抵抗勢力はこれでほぼ消滅した。周助が兵学校教頭を引き受けても、すぐには沼津行きの行動を起こしえなかったのは、この八月から九月にかけての奥州戦争のため、江戸（七月一七日東京と改称）がある種戒厳令下におかれていたからであろう。一〇月一二日、列藩同盟の盟主であった輪王寺宮は江戸表の大総督府に出頭するため仙台を離れた。これで、一月の鳥羽伏見の戦い以来続いて来た一連の戦いに一応の終止符が打たれ、本州全土は平静さをとりもどす。奥州の秋足は早い。紅葉の季節はすぐにも冬景色に変わり、津軽の海を越えた蝦夷地の戦いは翌年に持ちこされる。

沼津へ

一〇月一九日朝、周助は石川良信とその家僕とともに、更には川上冬崖（絵師）をともなって浅草を出発した。品川宿で加藤弘之や神田孝平らに会っている。もと開成所の同僚であり、かつともに目付になった仲間である。一〇月二四日には沼津に到着している。周助に沼津兵学校の職を紹介してくれた大築尚志とともに沼津城内の役宅に落ち着く。一一月八日のことであったという。『自伝草稿』の最後の数行には次のようにある。

「十二月朔日《さくじつ》、林洞海（周助らとともにオランダ留学をした林研海の父）の嘱託にてその六男紳六郎入塾す。これより明年二月に至りて養子の約を定む。これを明治元年家事の始末とす。その士宦のこと

について は……」

当然、この後の記述があったはずである。駿府藩（静岡藩）の手になるこの「沼津兵学校」の教育理念、教科内容、それらが明治政府にどう移管されていったのかの経緯などを、是非とも周助自身の口から聞きたかったところであるが、永遠に失われてしまった。残されているのは、周助自身の手になる通り一遍の「掟書」だけである。しかし、ここまでの記述で確実に言えることは、数え年四〇歳に至るまで周助は幕臣としての立場を通していることである。新設の「沼津兵学校」もまた徳川氏の意図の下に作られたものであったので、沼津時代までは周助の意識の中では旧幕臣、徳川氏とともにあるという思いだったのであろうか。明治元年になっても、まだ通行手形制度が残っていたものと見えて、周助一行が東京から沼津に出向いた際の手形が残されている。その身分は「徳川―家来、西周助」となっている。

沼津に出向く際、品川宿で出会ったかつての同僚、加藤弘之、神田孝平らは、新政府に出仕するために東京に出向くところであった。なかんずく、弘之にいたっては、駿府にあって大目付にまでなり勘定頭まで務めていたが、にわかに朝廷から政体律令取調掛を命じられたという。と同時に出身藩の出石藩からは帰国して藩制改革を行ってくれとの依頼もあったそうである。つまり、三つの依頼主のうち、朝廷（などと言って権威づけをしているが要するに新政府）からの依頼には抗しがたく、東京に出向くところであったというのである。神田孝平もまた似たようなものである。彼らには、自分を支え、

自分を引きたててくれた旧体制に対する何ほどの「思い」も「こだわり」もない。

沼津到達で終わる『自伝草稿』には、周助自身の語り口になるだけに、時として彼自身の「こだわり」の肉声が聞こえてくるような記述が散見される。制度変遷史ではなく、「思想」の変遷を語るに当たって、この種の「こだわり」の肉声がどんなに貴重であるかは論をまつまでもあるまい。だが、この沼津到着以降語り継がれる森鷗外の『西周伝』（明治三一年一一月刊）からは、この種の肉声が消えてしまっている。これもまたやむをえないことなのかもしれない。

4　西周《にしあまね》、旧藩主に召し出される

沼津兵学校

「沼津兵学校」とは、徳川家々臣団の教育機関であった。「兵学校」と名づけたのは、家臣団の帰農を計るのを基本方針としている藩校の下にありながら、なおかつ武士的教育も組織するという目的をもっていたからであるという。西周（同校頭取になって周助を改め、周《あまね》と名乗るようになる）作成の「掟書」によると、その教育課程は、資業生（予科生）四年、本業生（本科生）三年の計七年であった。附属の小学校卒業後であるから、今日でなら中学、高校、大学前期に及ぶというところであろうか。資業生（予科生）の一般教育課程に、英語かフランス語かを選ばせていたのは、この時代相を反映しているといっていい。その上で、万国地理に万国歴史を学ばせ、経済学まで学ばせている。本業生（本科生）は、歩兵将校科、砲兵将校科、築造将校科の三科に分かれ、そ

れぞれ小銃、大砲の製造から、銃撃、砲撃の実技まで含まれていた。

確かに、慶応四年から明治元年の段階で、これだけ組織的に軍事学を教えようとした学校は、旧幕府の流れをくむ静岡藩以外にはありえなかった。この兵学校の設立者元目付の阿部邦之介（潛）は、当初、「おだやかならざる」意図を隠し持っていたそうである。『西周全集』の編者大久保利謙《としあき》もまた、解説で「さもやありなん」と述べている。しかし、私としては、明治元年後半の段階では、何を今更と思わないではいられない。設立者阿部のこの「おだやかならざる」意図を頭取として招かれた西周が察知していたかどうかである。実弾射撃訓練までの教科課程を旧幕臣の子弟に課す教育方針は、西周の教育方針であった。かりにそれは設立者阿部の立案であったとしても、それを是認して頭取になり、「掟書」にまで書き記していたのであるから、西周も賛同した教育方針と言わざるをえない。旧幕臣子弟の実弾射撃、実弾砲撃訓練は、何に備えての訓練であったのか。もちろん、東京の新政府としても、この「沼津兵学校」については当初から注目していたらしい。中央政府にまで注目されながら、この兵学校は明治元年一二月に開校する。

大村益次郎

明けて明治二年五月一八日、蝦夷地五稜郭に籠った榎本武揚の率いる旧幕府軍が、新政府軍の猛攻の前に降伏すると、新政府は文字通り統一正統政府となる。とすれば正統中央政府らしい組織が必要となる。それが明治二年七月の二官六省

の新設であった。この六省のうちの一つに兵部省があり、陸海軍力を統轄する役所であった。この兵部省の大輔（今日でなら次官）である長州藩出身の大村益次郎がかねて目を付けていた沼津の兵学校を自ら視察するためにやってくる。今、統一国家の軍制を確立しなければならない時に、実戦訓練まで行っての旧幕臣教育とは何事かという思いもあったであろう。兵部省大輔の視察というからには、兵学校頭取の西周も出迎え、学校案内をしたであろう。大村益次郎こそは、この時より一年二ヶ月ほど前、上野彰義隊を砲撃、撃滅した張本人であった。そしてあの時、西周は彰義隊の落人《おちうど》を匿《かくま》ってもいた。しかし、森鷗外の『西周伝』にも、他の資料にも、両者の出会いと両者の相互感想らしきものは見当たらない。おそらく、大村益次郎は将校教育に当たって西周らが立てた教育カリキュラムの妥当性と、教授陣の優秀さとを認めて、東京に帰ったと思われる。だが東京に帰ってすぐ、彼は暴漢に襲われ、命を落としてしまう（明治二年九月）。

津和野藩へ里帰り

他方、西周の方は兵部省大輔大村益次郎の視察以来、急速に兵学校頭取の職務に熱意を失ってしまったようである。もしかすると、西周は大村益次郎から兵学校の先ほどのプラスの側面だけではなく、旧幕臣だけの軍事教育の狭量さをも指摘され、来るべき統一的軍制改革の必要性の内意を示されたのかもしれない。ちょうどその頃、郷里の津和野藩では藩主の亀井茲監《これみ》が西周のかつての脱藩の罪を許し、むしろ西周に帰国して藩制改革に当たってくれるよう望んでいた。西周は、藩主亀井茲監の意図を知って、静岡藩庁に退職願いを提出し、郷里に帰って老父の面倒を見ようと決意したという。兵学校頭取の年俸は五百両という高給であったのだが、それ

を投げうってまでの退職帰郷願いである。その動機には相当のショックがあったとしか思えない。

だが、静岡藩庁は西周のこの願いを却下した。西周という人材を失いたくなかったからであろう。その代わりに西周に百日間の特別休暇を与えたという。そこで西周は、明治二年一二月下旬、沼津を出発し、津和野に向かう。津和野藩では藩主亀井茲監がしきりに西周を召し出して学校経営のあり方を尋ね、郷里の人（と言っても主だった藩士たちであったろう）たちも参集して、西周から西洋の学問のあり方、またその風俗までを聴講したという。この講義は明治三年の一月から二月にまで及んだそうである。そうこうしているうちに百日の休暇が切れてしまう。

そこで西周は、「文武学校基本並規則書」なる草案を作成して、藩主に奉っている。「文武学校」とは「文武両道」などという言葉が常識化していたように、士族の理想的教養のあり方であった。「文学校」の方は、漢学和学の基礎から始まって、学年が進むにつれて洋学の学習が増えるカリキュラムになっている。「武学校」の方も似たようなカリキュラムの上に、歩兵、砲兵、築造の各将校育成のカリキュラムであるが、何故か「操砲」の所は「運転打方ノミ」となっている。「沼津兵学校」の設立の目的は「御家（徳川家）の光輝を四方にあげ候よう心がけ専一にすべきこと」（『西周全集』第二巻四六一頁）となっているのに対して、津和野の「文武学校」の設立に当たっては「万栈御一新の折柄、朝廷におかれてもご多難であられ、学校設立も十全とは言いがたい。さりとて人材育成は急務である。幸い藩県においてはあらかじめ常設の学校を持っていたいという願いがあるので、これからいささか愚見を申し述べたい」（同書四八六頁）と述べている。わずか数ヶ月で、学校設立のニュアンスがまっ

たく異なったものになっているのに注目すべきであろう。この数ヶ月で、西周の心の中に変化が起きたのは事実である。しかも、西周自身がこの変化を十分意識していた。したがって次のテーマは彼のこの心の変化とそれについての弁明が主題となってくるだろう。

隣藩長州藩の騒動を見聞

西周が津和野藩に里帰りしていた明治二年暮れから明治三年二月までの間は、実は隣国長州藩（この時山口藩）では大変な騒動がもちあがっていた時期であった。慶応四年正月の鳥羽伏見の戦いで敗北した旧幕府軍伝習隊が、江戸に帰ってきて大いに荒れ、そのうちのかなりの部分が、東北、蝦夷地の戦いにまで雪崩込んで行ったことは前に述べておいた。これに対して薩長軍は勝利者である。彼らはそれぞれの郷里に凱旋した。しかし、凱旋した彼らの運命も似たようなものであった。これまでの武士団の戦いなら、凱旋の後には論功行賞がある。だが近代軍では勲記授与や年金増などはありえても、かつてのような論功行賞などはありえない。長州に帰った兵士たちは、自分たちの労苦が報いられないことに不満をつのらせていた。その不満はあの有名な「奇兵隊」とて同じことであった。ましてや長州藩が彼ら諸隊を整理し、厳選し直して常備軍に再編成する構想をもっていることが伝わるや、彼ら諸隊の不満は一気に爆発した。彼らは指揮官を殺傷し、屯所を占拠するなど、各地で叛乱を起こし始めた。一説によると二千人が蜂起に参加したと言われている。藩庁の兵が出動し、叛乱を鎮圧することに成功したのは、明治三年二月中旬、ちょうど西周が津和野藩主茲監と多くの藩士に囲まれて、西洋学問の事情を話している最中であった。

これは、数年後に起こる西南雄藩の士族の不満とその爆発（その最大のものが明治一〇年の西南戦争）

のいわば前哨戦のようなものであった。西周が隣国長州藩のこの騒動を知らなかったはずはない。津和野藩士の多くは長州藩士と何がしかの姻戚関係をもっている。西家と親戚関係にあり、同じく津和野藩の藩医であった森家の幕末の女当主きよ子は長州の女であり、きよ子の娘みね子の入婿静男もまた長州の人である。静男の長男が林太郎（鷗外）である（小金井喜美子『森鷗外の系族』岩波書店）。西周が帰郷していた明治三年の段階では、林太郎はまだ八歳にしかすぎなかった。当然、西周は森家に立ち寄り、静男に上京を勧め、あわせて林太郎の頭をなでながら、「そのうち開成所も再開されるだろうから、上京したら開成所に進みなさい。君ならきっと採用される」くらいのお世辞は言ったはずである。事実、二年後の明治五年には、静男も林太郎も上京し、林太郎は西周の住宅に寄寓することになる。

立ち寄った森家の入婿静男あたりから、西周は隣国長州藩の騒動の噂を聞いたであろう。「沼津兵学校」の今なお頭取であり、津和野藩にも「文武学校」設立の建白書を奉ろうとしていた西周にとって、軍の叛乱とはただごとではなかったはずである。西周は、数年後、もう一度軍の叛乱に遭遇することになる。明治一〇年西南戦争の後の例の「竹橋騒動」である。その時は直後に「軍人訓誡」の起草、更には「軍人勅諭」の草稿作成にたずさわることになる。しかし、今回は何もコメントを残していないし、また森家側からの傍証もない。おそらく、これは西周の心の中にまだ戸惑いがあったためではなかろうか。中央政府の大村益次郎からは多分渋い顔をされ、本人もたじろいで辞表まで出したが許されず、沼津兵学校から（と言うより藩庁から）特別休暇をもらって津和野にやって来て、またし

ても兵学校を含む学校設立を持ちかけられているのである。隣国長州藩の騒動は勝利者の後始末である。長州藩、中央政府の対応を好意的に評価しても、皮肉に眺めても、後に尾を引く。西周は、学校設立に当たって西洋の新しい技術を教えることの容易さと、新しい精神を教えることの困難さをかみしめる時期をしばらく経なければならなくなる。というのも、新しい精神を教えるには、まず自分がその精神を信じていなければならないからである。

津和野を去るに当たって、西周は、津和野藩校を支えていた国学と国学者某に対して、いささか批判をこめた書を送っている。国学者の主張する精神的雰囲気が日本人の意識を強く支配していることを認めつつ、イデオロギー化した平田流国学に対しては、洋学者西周はあくまでも批判的であったからである。

兵部省出仕

明治三年三月一日、西周は留学目的の三人の学生をつれて津和野を発ち、途中、厳島に遊んで、一三日夕刻大阪（明治期以降、大坂を大阪と記すことにする）に着く。沼津に到着したのは三月下旬であったという。これで特別休暇の百日を完全に消化したことになる。それから六カ月間、西周は「兵学校」頭取としての職務をつつがなくこなして行く。

つつがなく頭取の職務をこなしていたところ、明治三年九月二〇日、中央政府の弁官より静岡藩知事徳川家達宛に連絡があったそうである。「その藩士西周助、津田真一郎（真道）儀御用有之候間、至急上京可被申付《すべく》候也」というのである。そこで二一日、西周は藩命によって上京することになる。だが、この時、西周は政府からの呼び出しであることを知らなかったという。九月二四日、神田小川

町の赤松則良（かつてのオランダ留学の同僚かつ沼津兵学校一等教授）の家に泊めてもらって、翌日在京の静岡藩邸に出頭したそうである。すると、藩邸では命令は政府からのものであるので、まず勝安芳を訪ねてみろということであった。そこで西周は勝安芳を訪ねる。すると、勝安芳が言うには、ある日、山縣有朋と山田顕義《あきよし》とが訪ねて来て兵部省の充実を計りたいのだが、誰かいい人材はいないかという相談を受けたというのである。勝はすぐにも西周を推薦したという。

そこで九月二八日、兵部省出仕少丞准席を命じられ、学制取調御用掛を兼務することになる。兵部省では翻訳局に属し、学制取調では来るべき大学設立の準備であったそうである。翻訳局ではあのオランダ留学時代の恩師フィセリングの講義録の翻訳で大忙しであった。この二つの仕事のうち、大学設立準備の方は、国学者矢野玄通らが中心となり、西や津田ら六人の洋学者を加えた委員会で進められたらしい。しかし、国学者が中心では新しい国際的環境での新しい大学の構想はむずかしい。翌明治四年七月廃藩置県が断行されると、中央省庁でも組織の改変が進められ、洋学先行派が優位に立つ文部省が設立される。この洋学派優位の文部省のリーダシップの下、明治初頭の「啓蒙思想」が展開されることになり、やがて洋学中心の学校再編、東京大学の設立へと向かうことになる。もちろん、徹底的な自立派の福沢諭吉には痛烈に皮肉られることになるが。

他方、翻訳局での初仕事は例のフィセリングの『自然法《ナトゥールレヒット》』の訳稿が神田孝平の『性法略』として持ち込まれたので、それに西周自身の序文を付して出版することであった。本当は西周本人が慶応三年の京師更雀寺でのあの私塾開講の折に、『性法説約』として訳出していたのだが、稿本が失われ

山縣有朋

てしまっていたのだという。西欧の「自然法」を「性法」と訳出したのは、nature, Natur には「性質」「本質」という意味があり、これを儒学なかんずく朱子学の伝統思考である「物事の本性」「人間の本性」という言葉で受け止めたからである。この訳語は、やがて明治六年末、フランス人ボワソナードが来日し、司法省法学校において「自然法」を講義した際も、受講生の一人井上操の訳出には、やはり「性法講義」（明治一〇年刊）とされている。つまり、西、津田、神田の訳語は、その訳語の裏に含まれる意味とともに、かなり長く通用していたということである。

翻訳局に入っての初仕事は大変だったと思う。山縣有朋も勝安芳に西周の仕事ぶりに満足していると語ったという。西周は津田真道が少判事に補されたことを祝うため、酒楼で宴会を開いている。その後、鷗外の『西周伝』は、「十一月一日山縣有朋を訪ふ」とまことに素気なく記している。何のための訪問であったのか。もちろん、兵部省少丞准席に取りたててもらったことへの礼を込めてのことであろう。西周が官庁での山縣の部屋を訪ねたのか、それとも山縣の私邸を訪ねたのかさえ分からない。多分、後者であったであろう。西周は、しばらく前までは少なくとも最後の将軍徳川慶喜に最後の最後まで侍《はべ》っていた人物である。しかも、昨年までは「おだやかならざる」沼津兵学校の頭取でもあった人物である。西周を山縣に推薦した勝安房は、西周が一瞬「困却」した（『勝海舟全集』第一九

巻、二七二頁。勁草書房）ことを伝えている。もっともな反応である。それとともに、西周は心のゆれを隠さない人物であることが、ここでも示されているといっていいだろう。

この時、西周はむしろ家塾を開くことに関心を持っていた。この家塾はやがて「育英舎」と名づけられることになる。この家塾は例の福井藩前藩主松平春嶽の依頼によって、福井藩士を教育する目的で開かれたのだそうである。あの沼津兵学校にも多くの福井藩士が派遣されてきていたが、あの学校は西周が手を引いた後、立ち消えになってしまっていたので、松平春嶽としては更なる藩士の教育を依頼したのであろう。西周は松平春嶽の依頼に立派に応える。

第三章　啓蒙主義的「明六社」の社員として

1　「明六社」発足の頃

『百一新論』と『百学連環』と

西周の著作の中で、翻訳ものを除いて最も代表的なものはと尋ねられたら、おそらく多方《おおかた》の人は『百一新論』をあげるだろう。この著作は、明治七年三月に刊行（実は慶応三年二月頃の講義録であることは既に述べておいた通り）されて以来、福沢諭吉の諸著作にははるかに及ばなかったにせよ、かなりの版を重ねたと思われる。この著作は、人文科学（その中心としての哲学）を先頭に立てての西洋諸学問の意義と位置づけを、当時の好学の青年たちにいち早く伝えたものだからである。西周の死後一〇年たって、いよいよ明治も大詰めに近づいた明治四〇年、当時の有力誌『太陽』が増刊号として『明治名著集』を刊行した。この『明治名著集』に収録されたのは、福沢諭吉の『学問のすすめ』、加藤弘之の『人権新説』、中江兆民の『民約訳解』などと並んで西周の『百

一新論』（それに西周の『美妙学説』の一部も）であった。大正期に入ると、偉大な明治期に対する回顧ブームが起こり、西周も明治初期の多くの人物と同様、個別研究の対象となってくる。ところで、『百一新論』の次の西周の代表的著作は何かと聞かれたら、『百学連環』と答えるのにも誰しも異存はないだろう。

この『百学連環』は、明治三年一一月四日、西周が主催した家塾「育英舎」（これは松平春嶽の依頼もあり、特に福井藩士を相手に開かれた家塾）において、月六回、少数の門人を前にして彼自身が特別講義として行ったものの記録である。この講義の内容は、例えばカントからヘーゲルにいたるドイツ観念論の展開がドイツ語混じりで語られているような内容であるから、受講者が少数の門人に限られたのはいたし方がないであろう。多分、その内容は、少数の門人たちにとってもチンプンカンプンであっただろう。ちなみに言うなら、ドイツ観念論に限らず、西洋近代思想の本格的理解にはあと一〇年の歳月が必要であった。それはともあれ、「育英舎」での通常の講義は、漢文、英語、数学などを中心にして平易に行われていたらしい。

ところで西周の『百一新論』の出版事情は幸運に恵まれていた。あの鳥羽伏見の戦いで元講義録が失なわれてしまったにもかかわらず、山本覚馬、南摩羽峰という良き受講者に恵まれ、その著作名を近代日本思想史上に留めることができた。というのも山本覚馬はやがて同志社大学の二代目総長となり、南摩羽峰は新設間もない東京大学教授、あるいは高等師範学校（現筑波大学の前身）、女子高等師範学校（現お茶の水女子大学の前身）の教授を歴任することになり、大いにこの著作の名を世に広めて

くれることになるからである。これに対して『百学連環』の方は、そのような幸運に恵まれなかった。森鷗外の『西周伝』には、この『百学連環』の内容は〝Encyclopaedia〟であると好意的に紹介されてもいるのだが、この連続特別講義の口述筆記は長い間埋もれたままであった。しかも、この『百学連環』の受講生は特定の福井藩士が多く、その大部分は地方官僚になり、学問の世界で身を立てた者がいなかったことにもよる。ただし、門下生の代表元福井藩士の永見裕（東北地方の地方官僚になり、やがて西周の女婿となる）の筆録はあったにせよ、多くの人の目に触れたものではなく、ようやく印刷出版されたのは、何とまあ太平洋戦争の末期、昭和二〇（一九四五）年二月、歴史学者大久保利謙氏によって『西周全集』に収録された時のことである。したがって、質量ともに『百一新論』を上廻るこの『百学連環』が、明治期や大正期の思想界に影響を与えたとは考えられない。ただし、この『百学連環』の要約とも思われる「知説」が『明六雑誌』に掲載され、こちらの方は多くの人目に触れた。

南摩羽峰

したがって、「知説」を通して、明治初年段階の西周の思想と影響力、つまり『百学連環』の思想と影響力を考えるしか手だてがないといっていい。

発足はフランス料理店にて

周知の通り、「明六社」は、明治六（一八七三）年欧米視察から帰国した森有礼の呼びかけにより、西周、西村茂樹、津田真道、福沢諭吉、加藤弘之、箕作麟祥《みつくりりんしょう》らの参加をえて結成された結社であっ

た。これらの人物のなかでも一番若手であった森有礼（明治六年当時二七歳）が呼びかけ人となりえたのは、彼が薩摩藩出身であり、当時、政府高官の地位にあったからである。「明六社」の正式な発足は明治七年二月、築地の精養軒においてであったという。この結社の機関誌『明六雑誌』は、明治七年三月に第一号が刊行され、明治八年一一月に第四三号が出されて、以後廃刊となった。毎号三千数百部が出されたというから、当時の雑誌としては大変な刷り部数であったはずである。

さて、この『明六雑誌』は、明治初頭、近代化を目指す日本にとっての「啓蒙期」にふさわしい「啓蒙」雑誌であった。というのも、「啓蒙思想」が次の何かを生み出すための過渡期の思想であるとするなら、この雑誌は次の時代の矛盾対立、更には発展をうながす諸要素をまだ無自覚的なままに西欧から導入し、日本の思想的土壌に根づかせようとしていたからである。その良い例を、西周の諸論考に見ることができるだろう。コントの実証主義やミルの経験論と法の根底にある「自然法思想」（当時の言葉でなら「性法論」）との同時紹介、人権思想と国家哲学の同時紹介、更に詳しく見るなら、民法における家督相続と均等相続の同時紹介などが、その良い例である。また、人物的にもこの「明六社」は、一〇年後の対立を内包していた。例えば、イギリスの立憲議会制内閣をモデルに考えていた福沢諭吉、ドイツ型欽定憲法をモデルにすべきだと考えていた加藤弘之、あくまでも「コード・ナポレオン」に依るべきだと考え続けてフランス法の権威になっていく箕作麟祥などの対立がそうである。

開成所グループと翻訳方グループの混成より成り、やがて発展的対立を見ることになるこの「明六社」にあって、最年長グループの一人西周（結成当時四六歳）は、どのような立場にあったのだろうか。

家塾「育英舎」で『百学連環』を講義していた明治四年八月、彼は兵部大丞に任ぜられ、あわせて明治天皇の侍読を命じられている。加藤弘之らもこの時、同じく侍読を命じられている。おそらくこのような人事や配慮にも山縣有朋の意志が働いていたのであろう。西周は心の整理がついたのであろうか。心の整理がついていたにせよ、ついていなかったにせよ、生きてゆくに当たって表面的に戸惑う年齢ではない。彼は自分の学識には自信をもっていた。しかし、彼は自分の学識の拠って立つ基盤に対する批判を加えられるとたじろいだ。意外やその種の批判が「明六社」仲間の福沢諭吉から加えられることになる。福沢に対する回答が「非学者職分論」である。この回答の内容は後に詳しく述べるが、西周の態度としてはすこぶる歯切れが悪い。この歯切れの悪さは『明六雑誌』に掲載された西周の他の論文にも見られるところである。

この際、歯切れが悪いというのは非難の意味ではない。自分の中の何らかの内的変化なしに、外的要件によってのみ自分の立場を変えていった、例えば加藤弘之に、歯切れの悪さはない。そのような場合には、外的例証を多く引き合いに出して、変節した自分の立場の正当化に利用するのが常である。開成所系の学者グループであれば、そのような例証を引き合いに出すのは、お手のものである。いわゆる「天賦人権」説を批判し、「国権」に転ずる契機となった加藤弘之の『人権新説』（明治一五年）が、いかに多くの人名を例証に引き合いに出しているかを参照されたい。

「教門論」

『明六雑誌』には、後ほど述べるつもりの「非学者職分論」のように、西周が挑まれた論争に答える形で書いた論文も多く載ってはいる。しかし、啓蒙思想家西周らしい独自

の主張を展開した論文の方が、どちらかと言うと多いだろう。その代表的な論文は、「教門論」と「知説」と「人生三宝説」の三篇であるだろう。それぞれがこの『雑誌』に連載されたかなり長いものである。しかも最後の「人生三宝説」は非常に長く、未完に終わっている。

端的に言って、「教門論」は祭政一致を目論む明治新政府内の保守派に対して、政教分離論をぶつけたものであり、『百学連環』を受けた「知説」は新時代に当たっての知識のあり方を論じたものであり、最後の「人生三宝説」は以上を踏まえて、人生や社会や国家を論じようとしたものである。この三篇の論文で、西周は「フィロソフィー」の取り扱うすべての問題に答えようとしたことになる。そしてまたこの三篇の論文は相互に関連しあい、啓蒙哲学者西周の思想の骨格をなしている。西欧思想を享けているだけに理ぜめの論を展開しながらも、そこには当時緊急に問われていた問題に対する西周の態度があるいは鮮明に、あるいは言外に示されている。

ではまず最初の「教門論」を見てみよう。これは「信」を取り扱った論、すなわち宗教論、信仰論である。西周がこのような論文を書かなければならなかった社会的背景を考えてみよう。実は、明治五年、六年は近代日本の宗教史でも一つの転期であった。維新動乱は宗教面で言えば復古運動でもあった。幕末に平田派国学が尊皇攘夷思想と結びつき、各地で倒幕運動推進力の一つとなったことはよく知られている。他方、幕政時代、行政機構の末端に繰り込まれていた仏教は明治期に入って冷遇される。特に、新政府発足当初の慶応四年三月二八日、神仏混淆禁止令によっていわゆる廃仏毀釈運動の嵐に巻き込まれることになったことも、よく知られている事実だろう。このような神道勢力の上昇、

仏教勢力の下降という社会的な背景をバックに、明治二年七月、新政府は、行政府の太政官と並んで、神社神主を中心とする神祇官を設置する。これはいくら何でも馬鹿げている。太政官と同等の権限を持つ神官などという制度は、古代国家か中世国家のありようである。さすがに新政府もこれは行き過ぎだと感じたものか、二年後の明治四年には神祇官を格下げして神祇省とし、太政官の監督の下に置いた。更に翌明治五年には、この神祇省も廃止し、その事務を教部省の一部にまで下げてしまった。しかし、このように格下げされても教部省の意図が低下したわけではない。

　教部省の意図とは、宗教による国民の教化である。宗教といってもあくまでも神道が中心になることは、提示された「三条の教則」によっても明らかである。その教則とは、一、敬神愛国、一、天理人道尊重、一、皇上奉戴朝旨遵守の三つである。厳密に考えると、敬神と愛国とが何故結びつくのか、天理人道とは何のことか、皇室を尊敬することと政治とが何故結びつくのか、といった疑問がすぐにも思い浮ぶ。神道を宗教の中心に置くとすれば、この「三条の教則」のゴリ押しも判らないわけではない。やがて、仏教教団側からこの「三条の教則」に対する批判が起こってくる。そして、西本願寺系のあの島地黙雷らによる伝統仏教教団内の改革運動が起こってくる。

政教分離の主張

　このような「三条の教則」をゴリ押しする新政府（教部省）内の保守派に対する洋学者側の批判を、西周が代弁する。それが「教門論」であった。「教門論」は言う。匹夫匹婦が狐や狸や大蛇を神として信ずるのも、高明博識の人が天を信じ、理を信ずるのも、ともに信ではある。どんな政治的力によっても、人から信を奪い、他の神を信ずることを強制するこ

とはできない。政は現世の安寧を図るものであり、教は来世の幸福を願うものである。したがって、政と教とはもともと別のものであり、統一して考えるべきものではない。政と教とを一つのものとして考えるような国は、インカ時代のペルーか、現代ならチベットのような国々であり、人民の知識教育が未発達の国々ばかりだ、というのである。このような主張は、明治五年段階での教部省のあの「三条の教則」に対する真っ向うからの批判であるのは、言うまでもない。

西周は更に続ける。狐や狸や大蛇を信ずることと、天や理を信ずることとの違いはどこにあるのか。それは、わが「心」に聞いて恥じないものであるかどうかであり、この恥じないものこそ上位にあるのだという。「わが性（心）は天賦なり」。天とは日月星宿のことではない。これら天体は単なる物体であり、「意」を持たない。「意」を持つ「天」とは、すなわち「理」のことである。この説明は、いかにも朱子学的であり、本人もまたそのことを認めてもいる。結局、西周の言う「理」とは善悪をわきまえることである。したがって、「吾人の性霊（心あるいは良心）形体はことごとく神（天）の賦与するところ」（同論文その六）であるので、そのような天の理に従って生きてこそ、現世のみならず永遠の幸福を得る道である。そのような天の理に従って生きるのでないならば、たとえ大伽藍の中に鎮座していても虫ケラに等しいものと言わざるをえない、と。

西周は、あの「三条の教則」の三番目、皇上奉戴朝旨遵守についても、当時としては思い切った発言をする。確かに、万世一系（歴史の始まり以来、わが国は皇孫によって統治されてきたことを言う）はわが国の制度の大本ではある。しかし「祭祀廟祧《びょうちょう》（皇室の先祖）の典礼は王家の家事」（同論文その三）

とし、「その異性の神（産土《うぶすな》の神のことか？　あるいは大国主神をはじめとする八百神のことか？）のごときはその子孫これを奉祀するにまかせ、また政府と相関することなし」とすべきであると言うのである。「かくのごとくなれば、政府もっぱら政治の権をもってみずから任じ、かねて文教を明らかにして、もって政治の資となす」（その三）ことができるという。

明治憲法を通り越して、現行憲法の趣旨にもつながるような以上の発言が許されたのは、慶応末期から続く祭政一致国家への試みが、この時期、一応、挫折していたことを意味する。いきり立った振舞いはするが、人々の心に訴えかける言葉を持たない神主と、無気力な僧侶が一緒になって組織を作ってみても、何事もできるものではない。事実、教部省の下でのあの「三条の教則」の具体的試みも、各地で沙汰止みになってしまっていた。その上、条約改正を願う新政府に諸外国からの圧力が加わる。近代国家を目指すと言っていながら、キリスト教の禁制をそのままにしておくとは何事かというのである。あわてた新政府がなし崩し的に全国のキリスト教禁制の高札を取り払ったのが、明治六年二月のことであった。極めて日本的なことながら、キリスト教もなし崩し的に公認され、神主も各地で自信を喪失し、僧侶もまた伝統的生活に戻るといった雰囲気の中で、何とはなしに「信教の自由」が保障されたようになったのが、明治六年、七年であった。

「知説」

『明六雑誌』に掲載された西周の哲学論文三篇のうち「教門論」は、かなり時事的要素が濃く、一読して、賛否は別として、多くの読者がその内容を理解しただろう。しかし、次の「知説」となると、かなりの読者が戸惑ったことであろう。見なれない本邦初訳語が続出している

からである。一応、カタカナでの原語表記はしてあるが、多くの読者が原書に親しんでいるわけではない。この論文は、明治三年から四年にかけて西周の家塾「育英舎」で連続講義された『百学連環』の要約であるが、要約であるだけに、本来ならやはり講義の中で、質疑応答を繰り返しながら読み進められるべきものである。

簡便な「エンサイクロペディア」

さて、森鷗外が『西周伝』の中で、『百学連環』を〝エンサイクロペディア〟であると紹介したのは、この書の冒頭を西周本人から聞き及んでいたからであろうか。その要約である「知説」もしたがってまた簡便な「エンサイクロペディア」である。エンサイクロペディアとは、あまり批判的言辞を弄することなく、重要事項を何でもかんでも並べてみせる方式である。その通り、「知説」は当時の西欧の諸学問を、人文科学、社会科学、自然科学別に順次導入紹介していく。その紹介の仕方が読者の漢字、漢学の素養に訴えているのは、『百一新論』や『百学連環』と同じである。そしてまた、それらの諸学問の整理、秩序づけを、オーギュスト・コントの実証主義によって行おうというのである。諸学問の整理、秩序づけの方法である「実証主義」などという言葉でさえ、本邦初紹介だったのであるから、果たして読者はどこまで西周の議論について行けたものか、はなはだ疑問である。とにかく、彼は科学的実証性が文明促進の第一の条件だと考えていた。彼のこの試みは成功裡に展開されただろうか。

「知説」を祖述すれば、次のようになる。まず、彼は「知」を人間の心の本質だという。人間は「知」をもって「意」と「情」を従わせ、「知」をもって「理」(心理)を獲得しようとするものだと

する。そしてまた、「知」をもって「理」を獲得するには、「才」と「能」と「識」の力が必要だという。「才は知の渉《わた》るところ客観に属し……たとえば詩才、文才、書画の才のごとし」。これに対して「能は知の渉るところ主観に属し……たとえば官吏の能、里胥《りしょう》（村役人）の能のごとし」。「この二つのもの、才は多く物理（現象界）につきていい、能は多く心理（心的世界）につきていう」。三番目の高位の「識の質たる、主客の観を合し、根幹枝葉の理を詳《つまび》らかにし、部位全特の弁に明らかなるものなり」。つまり、「識」は主観客観の「知」を綜合したものであり、また部分の「知」と全体の「知」を統一するものでもあるのだそうである。

この分類はどう考えても西欧哲学のものではない。漢字、漢学の素養からきたものであり、それを主観、客観、両者の綜合というドイツ観念論ばりの理屈（?）に当てはめたまでのことのようである。それが証拠に、西周はこの区別を締め括るに当たって、次のように言う。「古《いにしえ》のいわゆる『賢者（識者）位にあり（上位にあり）、能者職にあり（才能ある者は識者の趣旨をうけたまわって職務にはげむ）』」ということであれば、「天下の安き、これを掌《たなごころ》に視るがごとし」というのである。

ところで、「識」の「知」は「結構組織の知」でなければならないという。「結構組織の知」とはシステム化された「知」のことであろう。「知」の結構組織化がなされれば（即ちシステム化がなされれば）、学術が盛んになり、人生百般の綱紀が確立する。そこでこの論考では、西欧の諸学問を語学、哲学、法学から天文地理にいたるまで、それこそエンサイクロペディア風に並べたてて見せてくれる。この並べたては『百学連環』の方が更に詳細である。

これらの学問の追求は、結局、「一つの真理」を追究することであり、われわれは真理が二つでないことを「先天」的に知っているという。「一つの真理」の講究には三つの方法がある。「視察《オブザベーション》」と「経験《エクスペリエンス》」と「試験《プルーフ》」とであるという。いわゆるイギリス経験論の祖ベーコンの科白の借用である。更に諸学問の推論の方法には、「演繹法《デダクション》」と「帰納法《インダクション》」とがあり、このうち優れているのは「帰納法」であるという。さて、これらの方法によって学を究め、術を富ましてきたのが西欧の諸学問であるが、これらの諸学問を「結構組織化」するに当っては、コントの立論が有効であるという。コントの実証主義の説明は「知説」にはほとんどなく、『百学連環』にはかなり詳しく出てくる（三〇頁以下）。即ち、コントの神学的段階、形而上学的段階、実証的段階の説明が、「雷」をめぐる和漢の古事を引き合いに出して面目おかしくなされている。

最後に、「知説」は、言語の文辞の術を述べて終わる。西周には、論理の学と文の術とは表裏一体のものであるという確信があるからである。「知説」の終節で、詩文を含むさまざまな文の種類を述べた後で、「散文」には二つの種類があるという。一つは叙事体で、これは「もっぱら『悟性』（アンダスタンディング）を攪動」するものであり、もう一つは議論体で、こちらは「『理性』（リーズン）に根拠」するものであり、「ロジック（致知学）に淵源するもの」だそうである。

漢字、漢学の素養が薄れてしまった今日の段階では、「知説」『百学連環』の説明には首をひねらざるをえない部分が多い。しかし、『百一新論』における「哲学」に続いて、この二つの論考には、「先天的」「後天的」「主観」「客観」「演繹法」「帰納法」「悟性」「理性」など、今日、われわれが常識的

に使用している哲学用語が初めて登場しており、この点は特筆しておくに値するだろう。

観念論も実証主義も無批判的に並列

さりながら、「知説」『百学連環』を注意深くたどってみると、いたるところ不整合な箇所が目につく。それを箇条書き的にあげてみると、次のような諸点であろうか。

まず、第一に、その最大の不整合な点とは、彼の諸学問（彼の言う百学）の並べ立て方が歴史的に並べられているだけで、彼の評価するコントの「実証主義」的並べ立て方に沿っていない点である。これは「知説」よりもはるかに詳しい『百学連環』においても同じことである。第二に、彼はコントやミルを高く評価していながら、コントやミルでは処理できない問題をも知らず知らずに導入してしまっている点である。彼は「知説」において、「考えること」と「文」とは表裏一体だとしていた。だから「叙事体」は「悟性」に由来し、「議論体」は「理性」に由来し、「ロジック」に根拠をもつものだとした。「思考」のあり方を「悟性」と「理性」に分け論理に繋いでいくのは、明らかにカントのものである。西周自身は、コント、ミルの思考性とカントに始まるドイツ観念論の思考性がまったく異質のものであることの自覚のないまま、並列して紹介している。別な見方をするなら、これは、明治初頭の実利中心の啓蒙期に、ドイツ観念論の思考性（これは次の社会哲学、法哲学の次元でよりはっきりしてくる）が、知らず知らずのうちに導入された最初のケースと考えてもいいはずである。

ちなみに言うなら、ドイツ観念論、なかんずくヘーゲル哲学（特に彼の美学）は、明治一一年来日したアーネスト・フェノロサによって東京大学で本格的に紹介されることになる。しかし残念ながら

その講義録は現存していない。フェノロサの第一期の弟子が哲学では井上哲次郎であり、美学では岡倉天心であった。フェノロサ来日以前に、西周らの「明六社」あるいは『明六雑誌』によって、ドイツ観念論は先駆的に紹介されていたわけである。

西周がドイツ観念論に引き付けられたのは認識論の次元でというより、社会哲学、法哲学の次元でという方が強かった。この際はドイツ観念論といってもやはりヘーゲル哲学である。『百学連環』は次のようにヘーゲル哲学を称揚する。「ヘーゲルは Organization の説を建て、天地萬物一体なるものにて、人体も亦然り、耳目鼻口手足を具して人となすものなるが故にその区別なかるべからず、一国に於ても君あり、宰相あり、人民あるものにて、その区別あるは天の道理なり。ロウソー（注、J・J・ルソーのこと）の説の如き人民区別なしとすべきものにあらず、君たるものあるときはその権威を以て人民を苦ましむ等の如きは甚だ悪しきところなれども、君は君たることを為し、宰相は宰相たることをなすときは、他に天理に戻ることとなしとて Constitutional Monarchy の説を主張せり。」「古昔は西洋一般に君主専壇なりしをロウソーの説にて破れしを、又ヘーゲルの説にて首、体、足の区別ありと言ひしより一変して、方今の西洋は皆此政体に依るところなり。」（一八〇頁）

西周を初めとする明治初期の啓蒙思想家たちの多くは、「近代自然法」と「社会契約論」とが不可分離のものであることの自覚のないまま、両者をそれぞれ紹介導入した。その原因として、前にも述べて置いたように「自然法」（彼らは「性法」論として紹介していた）を、宋儒の「天道」「天理」による「人の道」思想で理解しようとしていた（『百一新論』で述べたごとく、少しずつその理解をずらしてはゆき、

徂徠的理解に落ち着くが）ことをあげておいた。『明六雑誌』に掲載された西周の哲学三篇の最初のもの「教門論」でも、それは同じことであった。彼の論理構造の中で、コントの実証主義やミルの経験論の尊重と、ヘーゲルの社会有機体論（西周はそう理解した）とは、どのように結びついていたのであろうか。とにかく、本来結びつくはずのない思想でも社会的に要請されて浮上してきている思想ならば併記するというのがエンサイクロペディアの方式である。ただし「知説」は、あくまでも「知」の形態を論ずることが主目標なので、ヘーゲルや社会有機体論あるいは社会や国家についての論までは述べられていない（なお、「国家」の有機体説と法人説についての明治初期の論争については、國分典子『日本の初期憲法思想における法実証主義と進化論』〈慶應義塾大学『法学研究』平成二一年一月〉を参照していただきたい）。

ところで、「明六社」の面々にとっても、西周にとっても、啓蒙的著作の翻訳やら、自分の専門領域の論文を書いているだけでは事のすまない事態が、次々と押し寄せて来ていた。例えば、「非学者職分論」は身内からの問題提起であり、身内での身の処し方の問題であった。しかし、次に述べる「民撰議院」問題は、啓蒙思想家として対世間的に態度表明を迫られる大きな問題であった。しかも、啓蒙家と言いつつも政府の役人でもある「明六社」の面々（福沢諭吉を除く）にとって、これは自分の思想性を問われる問題でもあった。

2 「明六社」を打つ大波

「夫《そ》れ人民、政府に対して租税を拂《はら》うの義務ある者は、乃《すなわち》其政府の事を與《あずかり》知《しり》可《か》否《ひ》するの権利を有す。是天下の通論にして、復《ふたたび》喋々臣等の之を贅言するを待たざる者なり。故に臣等竊《ひそか》に願ふ、有司亦是大理に抗抵せざらん事を。」

民撰議院設立建白書

文献だけで歴史を読もうとすると、事態をまったく見誤ってしまうことがよくある。明治七年一月一七日、左院（太政官に設けられた立法諮問機関）に提出された「民撰議院設立建白書」が、その良い例である。右はその「建白書」の一部である。署名人は八名、うち旧土佐藩出身が四名、旧佐賀藩出身が二名であった。そのうち特に有名な人物はというと、旧土佐藩出身の板垣退助、後藤象二郎、旧佐賀藩出身の江藤新平、副島種臣といったところであろうか。右の一節でも分かる通り、この建白書は「天賦人権」とまでは言わずとも、「租税を支払っている者は政府の事を与り知り、その可否を論ずる権利を有する」と謳っている。これは「天下の通論であり、大権利である」とも主張している。とすると、この建白書を提出したグループが進歩的で、「天賦人権」説を紹介はしたが、民撰議院については多方たじろいでいる「明六社」グループの方が保守的であったのだろうか。事態はさにあらずであった。

理由をわかりやすくするため、事態を単純化して述べてみよう。建白書を提出したグループの大部

分は「天賦人権」なんてどうでも良かったし、民撰議員の選出だって本気で考えている者は少なかった。では何故建白書を麗々しく左院に提出したのか。それは薩長閥を中心とする政府内主流派に対する土肥閥を中心とする政府内反主流派の争いであり、テーマは内政重視（主流派）か外交重視（反主流派）かをめぐっての争いであった。そして結局、主流派が勝利を占め、反主流派が参議あるいは政府内要職の地位から去らざるをえなかった。その結果が反主流派の政治的反撃としての建白書であり、政治的プロパガンダの意味あいを濃厚にもっていた建白書の提出であったということである。

内政派の主張はこうである。廃藩置県（明治四年七月）以降、失職士族の不満は全国に充満している。ましてや、あの維新動乱で生命がけで戦い勝利したにもかかわらず、その結果が失職ということでは、西南旧雄藩士族の憤懣は頂点に達している。また、近代軍制確立のための徴兵制度には血税反対の農民一揆が頻発している。これに地租改正にともなう農民一揆も加わって農民反乱はとどまるところを知らない。近代国家の諸制度確立に当たって、これらの内政問題を処理するのが第一の仕事であろうが、と言うのである。とは言いながら、内政派は外交問題の重要さを知らないわけではなかった。その第一の問題は旧幕府の結んだ不平等条約の改正であった。しかし、これは欧米列強の強硬な姿勢にはばまれて容易に交渉は進まない。要は新政府の国内法整備にあった。したがって、新政府内内政派（主流派）は、明治四年一〇月、岩倉具視を代表として、使節団をまずアメリカに派遣する。はじめこの使節団は条約改正交渉を目的としたが、すぐその不可能を知り、親善と視察のための使節に目的を切り換える。彼らが、アメリカからヨーロッパ諸国を廻って帰国したのは、明治六年五月か

ら九月にかけてのことであった。

征韓論

外交問題は何も条約改正問題ばかりではなかった。ロシアとの間では樺太帰属問題（明治四年五月）で交渉がこじれていたし、朝鮮王朝との間では国交回復問題でこじれていた。朝鮮王朝は、長年、対馬藩を仲介にして旧幕府と友好関係にあった。明治新政府はその友好政権を武力で倒したのである。しかも、その新政権が成立して二年目、朝鮮王朝が新政権に不信の念を抱いていたとしても不思議ではないはずである。果たせるかな、朝鮮王朝は新政府の国書受け取りを拒否した。明治三年二月と九月のことであった。朝鮮側はあくまでも伝統的な対馬藩を通しての国交、日朝貿易を考えていた。これに対して新政府側は外務省を通しての国交、貿易は自由貿易を望んでいた。両者の合意が成立しない以前に、釜山の倭館には既に多くの商社マンが入りこんでいたという。確かにこの時、朝鮮側は西欧諸国に対して門戸を閉ざしていた。したがって、国際的外交感覚に欠けたところがあったのは否めない。しかし、釜山の倭館に既に商社マンが詰めていることに対し、朝鮮側が「無法之国」という非難の言葉を発するや、新政府側はこれを侮辱と受け取り、日本国中にその情報を流した。日本国中が怒り狂ったのは言うまでもない。

明治六年八月の閣議において、いわゆる「征韓論」が論じられることになる背景は以上の通りである。閣議において太政大臣の三条実美がまず口火を切り、日朝間の問題の経過報告の後、居留民保護のため、軍隊派遣を提案したという。参議の多方はやむなしの雰囲気であったが、参議の西郷隆盛が反対した。その理由は、まず全権大使を派遣して朝鮮側を説得すべきである。それでもなお朝鮮側が

聞き入れず、全権大使を侮辱しかつ危害を加えるようなことがあれば、その時こそ軍隊を派遣して懲罰を加えるべきだ、というのである。しかもその全権大使には自分がなると言うのであった。太政大臣の三条は苦慮した。有力閣僚の多くは「岩倉使節団」として外遊中である。彼らの留守中に国策の重要事項を決定していいものかどうか。三条は岩倉に宛て電報を打ち、早目の帰国を促した。他方、参議の西郷は時機を失わないよう即時の閣議決定を求めた。そこで三条は明治六年八月一七日、閣議を開き、西郷の朝鮮派遣を決定した。だがそれでも三条は迷っていた。そこで三条は天皇の権威を借りて、閣議決定の実質延期を決め込んでしまったと言われている。

一ヶ月後の九月中旬、岩倉ら一行は帰国した。そこで、岩倉、大久保らが加わった閣議が幾度となくもたれた。しかし、事態の進展はみられなかった。西郷が全権大使となって朝鮮に行けば、必ず戦争になる。というのも、死を覚悟している西郷にしてみれば、むしろ挑発してでも朝鮮側に先制攻撃をさせるつもりだったからである。岩倉らの欧米派遣組は、今朝鮮との全面戦争は財政的にも不可であり、国内整備の方が急務であることを閣議で訴えた。しかし、だからといってこの派が平和主義者であるわけではない。この後の佐賀の乱（明治七年二月）発生と同時並行的に行われた台湾征討は、この派の主導の下に決行されたからである。朝鮮出兵には反対、台湾出兵には賛成というのであるから、筋の通らない話である。西郷の征韓論に賛成したのが、板垣退助、後藤象二郎、副島種臣、江藤新平らの参議であり、彼らは参議を辞退し、その後、明治七年一月のあの「民撰議院設立建白書」の提出へと動いていく。朝鮮出兵には賛成、それが駄目なら「民撰議院」の設立だというのもおかしな

論理である。もちろん、あの当時、有力納税者に民意を尋ねたら、征韓論賛成に傾いていたであろうことは想定できる。とすると、「是天下の通論」の方はどうなってしまうのであろうか。

少しく先を急ぎすぎたようである。閣議における両派の対立を調停できず、太政大臣の三条はノイローゼになり、ダウンしてしまう。そこで、天皇みずからが岩倉の屋敷に足をはこんで、岩倉に太政大臣代理になってくれるよう説得したという。このようにして、明治六年一〇月二四日、岩倉具視主導の下で行われた閣議において、西郷の朝鮮派遣は無期限延期となった。つまり、征韓論は敗北し、以後、前述のような展開となるということである。

西周の二本の論文

前にも述べておいたように、「明六社」は明治七年二月の発足であるから、まさに、閣議での征韓論の敗北、次いで「建白書」の提出、佐賀の乱の勃発と続く時期であった。ところで、「明六社」員は森有礼を除いて、あらかた旧幕臣であり、開成所に関わりをもっていた知識人であり、かつ福沢諭吉を除いて新政府の役所に何らかの関わりをもっていた人たちである。新政府の役所に関わりをもっていたといっても、国策の決定にあずかれるほどの高官ではない。とは言え、自ら望んでか、望まずとも声を掛けられてかは別として、彼らはまぎれもなく新政府に拾われた人たちである。啓蒙思想を旗印にするとは言っても、そこにはおのずと限界がある。そのことは、通算四三号にわたる『明六雑誌』で戦わされた各論争に見ることができる。

わずか二年ほどの協動活動であったが、その思想傾向を色分けするなら、次のように言うことができようか。加藤弘之が最も保守的、政府寄りであり、福沢諭吉、西村茂樹が最も啓蒙家の名にふさわ

しく反政府（あるいは政府内反主流派）的であり、西周は常にその中間的立場であった。中間的立場にあったとはいえ、その主張は常に揺れていた。コントやミルを評価しながらヘーゲルの国家哲学をも評価する矛盾的思考性については、既に述べておいた。この「民撰議院設立建白書」をめぐる論争においてもまたしかりであった。

西周は、『明六雑誌』第三号に「駁旧相公議一題」を発表する。これはあの「建白書」に対する彼の最初の反応であった。ただし、これはあの「建白書」に対する賛否の意見表明ではなく、その論旨に対する批判であった。あの「建白書」は主張していた。民撰議院の法を施行するのは、汽車や電信の法を施行するのと同じことだ、と。そしてまた、租税を支払う義務を持つ者が、政府の事に与知する権利を有するのも同じ理屈からだ、とも。西周はこのような論旨に批判を加える。汽車や電信といった「格物」（物理学）「化学」「器械」の法則の普遍妥当性をもって、議院という社会事業の普遍妥当性を主張するのは間違いだ。何となれば、「英の議院仏の議院と其法を同うせず、しかして、英の政体米の政体と天攘相反するは何や」ということだからである、という。また納税と政府への関与については次のように反論する。「租税の義務」と「政府の事を与知する権利」とは相対するものではない。「租税の義務」と政府に「保護を求めること」「治政を求めること」あるいは「法を求めること」だって相対する権利であるはずだ、と。とにかく、一国の政府のありようも歴史的に見れば多様であるのに、すべての国に妥当する「天下の通論」「天下の大理」とは一体何のことか、というのである。

征韓派の「建白書」に対する西周のこの反論はまったくのエラーであったと思う。今、民撰議院が

必要か、また征韓派参議のそれぞれが真剣に民撰議院を求めた上での「建白書」であるのかということを追求し、それに対して西周なりの答えを出すべきであったはずである。「建白書」に対する当時の社会的反応は非常に大きかった。ただし「建白書」の言う「有司専裁」に対する不満は、暗殺未遂(明治七年一月一四日、岩倉具視、赤坂にて襲撃され重傷)、武力反乱(明治七年二月、「建白書」の署名者の一人江藤新平、佐賀不平士族とともに武装蜂起)、民権運動(明治七年一月、板垣退助、愛国公党創立)と、同時並行的に爆発していった。「建白書」提出グループの内的思惑も決して一様であったわけではない。民権運動のリーダーのはずの板垣退助は、終始内政重視を主張して参議を辞した木戸孝允を囲む大久保利通、板垣退助本人等の大阪での会議の後、木戸孝允とともに一時参議に復帰している。

あっけなく鎮圧された佐賀の武装蜂起の後、土佐を中心とする民権運動は力を得て活発に動き出す。もちろん、民権運動に収斂されない不平士族の憤懣は、旧西南雄藩の各地で次々に火の手をあげ、やがて明治一〇年のあの西南戦争で大爆発を引き起こすことになる。あの西南戦争に民権家の一部も加わっていたように、これらは暗殺、反乱、民権運動は同時並行的でありながら、一部、相互にダブる部分もあったことを忘れてはなるまい。

これら一連の動きを見聞して、西周もさすがに民権議院は時の流れのしからしめるものと判断したものか、明治八年二月、『明六雑誌』第二九号に「網羅《もうら》議院の説」を発表して、民撰議院選出への道程を提案する。これは、「明六社」例会における演説であったらしい。この演説の骨子は次のようなものであった。

「民撰議院の論ひとたび世に出てより今日に至るまで、いまだ底止《ていし》する所を知らず、これを以て輿論の帰する所あるを見るに足れり。ひっきょう民撰議院は欧洲輓近《ばんきん》国政の学において経綸の大本、治術の根源たれば、我が邦《くに》にあってこれを建立せん事は、いずれか熱心これを冀望《よくぼう》せざる者あらむ」。つまり、民撰議院設立は西欧文明諸国では、今日、政治の基本的方針であり、わが国でもそれを望むのは当然だというのである。一年前の「駁旧相公議一題」の論旨からはかなりぶれているのに注目しておきたい。その上で、西欧の学問を追求してきた者が、「あえてこれを拒絶する者なきを知るべし」とまで言っている。そこでこの半開化のわが国において議会を考えるなら、次のような四つの提案があるという。まず第一に政府任命の議員による議院を設け、ここで天下の多事を議論させることである。第二に勅撰の官撰議院を設けること。第三に府県議会を設けること。第四に大小区の議会を設けること。以上の四つの議会を総称して、網羅議院というのだそうである。これらがよく機能するのが、民撰議院に至る道程だと。というのも、西周の構想は、議員の有望な者を推挙して、小区会議から大区にあげ、更には府県議院、官選議院にあげ、漸次、官選議員と交代させるようにすればいい、というものであったからである。

周知のごとく、明治二三年一一月、第一回帝国議会が召集される以前、明治一一年七月には府県会規則が成立し、翌明治一二年三月には地方議会として初の東京府議会がスタートしている。以後、続々と各府県議会が開催されることになる。確かに、府県議会で活躍した議員がやがて帝国議会に進出するという事例は多く見られた。例えば、福島県議会での河野広中、新潟県議会での尾崎行雄とい

明治期の福沢諭吉

ったケースがそうである。しかし、それは選挙を経た上でのことであって、西周が構想したような地方議会からの推薦によるものではない。事態は数年で西周の構想を乗り越えてしまうことになる。西周らの構想がやがて地方議会開催につながったのではない。西周ら「明六社」の連中とはまったく無関係に事態は進行していたのである。西周自身も、かつては国家元首にも当たる「将軍」の側近として意見具申をなしえたが、今は兵部省のしがない中級役人、かつ学者の集まりである開成所につながる身分でしかない。「明六社」の内外で多くの議論が展開されたが、一番緊急の問題であり、かつ影響力も大きいはずの「建白書」をめぐる彼らの論争でさえ、時代の流れの中でエピソード的に語られる論争でしかなかった。西周がこのことをどう感じていたかを次に問題にしてみよう。

福沢諭吉への諸家の反応

明治初期の啓蒙思想を語るのに、福沢諭吉を抜きにしては何事も語れないだろう。彼もまた「明六社」の社員ではあったが、その思考性は「明六社」の枠をはるかに越えていた。「天は人の上に人をつくらず、人の下に人をつくらずといえり」で始まるあの『学問のすすめ』は、その明解な語り口、その斬新な切り口によって、当時の読書人の圧倒的多数を魅了した

のであった。明治五年刊の『学問のすすめ』はその発行部数七〇万部とも八〇万部とも言われており、当時三千数百万の人口しか擁していないわが国においては、驚異的なベスト・セラーであったと言っていい。この著作の第四編に「学者の職分を論ず」という一文があり、これが『明六雑誌』に論争を引き起こすことになった。

ではまず、福沢諭吉の「学者の職分を論ず」から見てみよう。例によって例のごとく、福沢の舌鋒は鋭く、辛辣である。

一国の独立を保つためには、政府に内的エネルギーがあり、政府の外側にいる人民にもまたそのエネルギーがあって、相互に刺激し合わなければならない。しかるにわが国では、御一新以来、政府は専制、人民は依然として、無気無力が続いている。わが国の文明をおし進めるには、この人民の無気無力を一掃しなければならないが、そのためには政府の命令や指導などという方法ではラチがあかない。是非とも、官に依らず私的に事を行って、人民の標的となるような人材を求める必要がある。本来、そのような任に当たれる人材は洋学者をおいては他にないのだが、これがまたまるでダメである。彼らはおおむね官途についており、私事（民間事業）にたずさわる者はほんの一握りほどしかいないからである。しかも、官途にある者は「ただ利これ貪《むさぼ》るのためのみにあらず、生来の教育に先入して、ひたすら政府に眼《まなこ》を着し、政府にあらざれば決して事をなすべからざるものと思い、これに依頼して宿昔青雲《しゅくせきせいうん》の志《こころざし》を遂《とげ》んと欲するのみ」。このようにして、「世の人心ますますその風《ふう》に靡《なび》き、官を慕い官を頼み、官を恐れ、官に諂《へつら》い、毫《ごう》も独立の丹心《たんしん》を発露する者なくして、その醜体、見る

加藤弘之

に忍びざることなり」。福沢はよほどその「醜体」を腹にすえかねたのか、こうも言っている。官にこびるその有様《ありさま》は「あたかも娼妓《しょうぎ》の客に媚《こび》るがごとし」と。したがって、この国の独立を助成しようと思うならば、世の学者、よろしく「私立に左《さ》袒《たん》」すべきである。即ち、民間の事業を起こし、その事業に依って立つ方向性に賛成すべきである、というのである。

洋学者は客に媚る娼妓か

さて、世の洋学者、「あたかも娼妓の客に媚る」ようなものだとまでケナされては、洋行帰りの旧幕臣たちも黙っているわけにはいかなかったろう。ましてや福沢もまた「明六社」の社員ではないか。『明六雑誌』でまっ先にカミついたのは、やはり加藤弘之であった。

加藤の反論は、何とまあ「福沢の論はリベラールなり」というのである。今日、「コンサヴァティーブ」と対比して語られる「リベラール」という言葉にマイナスのイメージはない。ところが加藤は「リベラール」を「国権」と対比させて、マイナス・イメージ、破壊的イメージを込めて使っている。「先生（福沢のこと）の論はリベラールなり。リベラールは決して不可なるにはあらず。欧州各国、近今世道の上進を稗補《ひほ》する、もっともリベラールの功にあり。されどもリベラールの論甚《はなは》だしきに過《す》ぐるときは、国権はついに衰弱せざるを得ざるに至るべく、国権ついに衰弱すれば、国家また決して立つべからず」というのである。加藤は「リベラール党」や「コムニスト党」のあり様《よう》を、ドイツでは

三流学者のコンスタンティン・フランツの著作から借りて来て論じているが、数年後には日本でも高名になるローレンツ・フォン・シュタインの著作ぐらいは読んでおくべきであったろう。とにかく加藤の結論は、「国務も民事もともに肝要たれば、あるいは官務に従事する者もあり、あるいは私業に従事する者もあり、偏《へん》せざる方可なるべしと思うなり」というのである。福沢が、民事にある者がどんなに卑屈になっているかを「娼妓」に譬《たとえ》て慨嘆している意味を、加藤はまったく理解していないし、理解しようともしていない。

ここでも加藤弘之や森有礼の論が一方の極にあるとすれば、他方の極に津田真道や西周がある。森有礼の場合は、他の社員と違って薩摩藩士であり、しかも政府の高官を約束された人物である。彼の洋行体験が彼を啓蒙思想に歩み寄らせたのであって、福沢の辛辣な批判を受けて、反発したり、内的動揺を来たしたりするような条件をもともと持ち合わせていない。

森有礼

森有礼は言う。政府と人民という分け方自体に問題がある。官吏も、貴族も、平族（平民）も人民だ。政府はすべての人民の政府であり、「民のために設け、民に拠って立つもの」だ。もちろん、専制政府と人民との対立という歴史的事例は欧州各国に数多くある。しかし、それも福沢が言うように、政府が内、人民が外ということではないはずだ。福沢は世の文明を進めるためには、ただ政府の力にだけ依存すべきではないと言う。官

吏も、貴族も、平族も人民なのだから、それぞれその得意とする分野で努力すればいい。また福沢は在官為務と私立為業とを対比し、私立為業をすすめている。もし、福沢の言う方向性が良いということになれば、学者はすべて私立為業に流れてしまい、在官為務には不学の者だけ（バカばっかり）が残ることになり、これでは政府が困ってしまうだろう、と。

森有礼は洋学者ではない。先にも述べたように薩摩閥の有力若手であるので、結論は単純であり、正直である。福沢の言う通りになってしまったら、政府には不学の者ばっかり（バカばっかり）が残されることになってしまうだろう、というのだから。思わず、吹き出してしまわざるをえない。他方の極である津田真道の場合はどうであろうか。彼は西周とほぼ同じ道程を歩んできている。文久二年のオランダ留学で一緒であったし、旧幕臣の目付としての任務も同じ頃であった。ただし、新政府には西周が兵部省であったのに対して、津田真道は司法省に出仕している。出仕して人身売買禁止を建議するなど、かなり気骨のある態度を示している。

その津田真道は基本的に福沢の主張に賛成する。ただし、福沢の政府は内、人民は外という譬《たと》えは不適切であるという。「政府はなお精神のごとく、人民はなお体骸《たいがい》のごとくなり」とするのが適切であろう。国家を人間の身体に譬えて、両者があってこその国家である。ただし、体骸は精神の命ずるままに動くべきだというのは誤りである。体骸には「天然の確律」（自然の法則）に従って動くという性質がある。精神がこの「天然の確律」を無視して命令を下せば、体骸は衰弱し、やがて死に至る。昨今、体骸である人民の私立の気風ははなはだ乏しい。政府の命令は無理とわかっていても、従わざ

るをえない状態にある。これは国家にとっても不本意であるはずだ。「ゆえに力を尽して人民自由自主の説を主張して、たとえ政府の命といえども、無理なることは、これを拒む権あることを知らしめ、自由自主の気象をわが人民に陶鋳《とうちゅう》（形成させること）するは、我輩のおおいに望むところなり」というのである。

津田が、西欧近代思想におけるいわゆる「抵抗権」まで掲げているのは、この時代にあっては異色と言えるかもしれない。ただ「自由自主」という科白の方は、当時、そんなに珍しいものではなかった。福沢の『学問のすすめ』とともに、サミュエル・スマイルズの『西国立志論』、もまたベスト・セラーになっており、この著作の中の「セルフ・ヘルプ」が流行語になっており、「自助」「自主」「自立」と様々に転用されて使われていたからである。さて、われわれの追求してきた西周の反論「非学者職分論」は、福沢への応答としては最も長文である。

たじろぐ西周

西周もまた福沢諭吉の立論の根拠が不確《ふたしか》であることの指摘、譬えの不適切であることの指摘から出発する。福沢は、日本人の「気風」（彼はそれを「スピリット」と呼んでいた）批判を立論の基礎にしていた。しかし、西に言わせれば「気風」などという論証できない問題の上に論を立てるのは、いささかどうかと思う、と言うのである。ただし、政府の専制、人民の無気無力という福沢の指摘は、西にとっても歴史的事実である。しかし、その歴史的事実の「由来するところ朝夕《ちょうせき》の故にあらざれば、これを改めんと欲するも、おそらく一旦《いったん》の行為（今すぐの行為）をもって、その凱捷《がいしょう》（勝利）を得《う》べきにあらず」というわけである。他方、「学術・商売・法律」とい

った三者が西洋に遅れをとっており、この三者が西洋に伍《ご》してゆけなければ、国の独立危しとする福沢の主張に、西も同意する。とは言っても、例えば西洋の学術の奥義を極めた者など誰もいない。ようやく研究の端緒についたばかりなのだ。結果を急ぐべきではない。まして法律問題について言うなら、唐や明の法令をようやく西洋の法令で考えればどうなのかということを模索し始めたばかりではないか。福沢は、二、三の洋書を読んだくらいの若僧が、皆こぞって官途を志ざすといって非難する。しかし、これもいいではないか。江戸の中期、読書人は狂顚《きょうてん》（狂人）と遇されていたことに比べれば、隔世の進歩と言うべきであろう。新聞などを発行して、政府に建白したり、へつらったりする輩は洋学者に多いと福沢は言う。しかし、世の国学者や神道家の政府へのへつらいはもっと多いではないか、と。

更に、西の福沢への応答は続く。政府は内なる生気、人民は外なる刺激と福沢は言っている。しかし、人民の開明進歩の度がかなり進んだ段階での刺激ならいいが、そうでない場合の刺激の例をわれわれは知っているではないか。あの幕末における水戸天狗党の刺激などはその良い例だ。政府の生気を鼓舞するのは洋学者であり、刺激としての人民の温度を上げるのも洋学者である。したがって、人にはそれぞれ長所があるのであるから、政府であれ私立であれ、その長所が生かせる場所、で活躍すればいい。「ただ余のごときは、いささか翻訳の小技《しょうぎ》をもって政府に給仕《きゅうじ》する者、もとより万一に補《おぎな》なきを知るゆえに、久しく先生（福沢）の高風を欽慕《きんぼ》す。今いまだ、にわかに決然冠《かんむり》を掛《か》くる能わず（決然と官を辞すことはできない）といえども、早晩まさに驥尾《きび》に附かん（福沢先生の後について行き

たい）とす。」これが西周の結論である。

世の洋学者、「娼妓の客に媚る」がごとしという福沢諭吉の痛烈な批判に対して、内的に最も動揺したのは、やはり西周であったのではあるまいか。西周の胸中には、できることなら福沢と同じように教育事業にたずさわっていたいという願いがあったように思われる。開成所や沼津兵学校といった官立の教育機関にたずさわっていた前後にも、慶応三年の京師更雀寺での私塾、明治三年の浅草鳥越三筋町近くの「育英舎」という私塾など、暇を見つけての私塾開講の事績を見ても、そのことがうかがえる。しかも、彼の代表作の一つ『百一新論』は更雀寺での講演が基になったものであるし、彼の代表作のもう一つ『百学連環』は「育英舎」での講義録であった。それらの私塾が長続きしなかったのは、時代の激動のせいもあるし、またその度に公務に引き戻され、それを拒みえなかった彼の心の弱さもあったであろう。「早晩まさに驥尾に附かんとす」という西周の結論は、彼自身の自戒の言葉のようにも聞こえてくる。これに対して、福沢の主張に賛成している津田真道の場合は、彼の啓蒙的イデオロギーからする賛成であって、内的動揺云々といったことは、まったく問題になっていない。

3　「人生三宝説」

人生にとって大切な三つの宝とは

『明六雑誌』の後半を飾った西周の第三の哲学論は、未完の「人生三宝説」（第三八号～第四二号）というものである。これ以後にも、二、三の哲学に関する断

片的小論がないわけではないが、これだけまとまったものは、西周にとって最後の哲学論考だといってもよいだろう。この論考を少しく詳しく読んでみる前に、この論考の思想史的位置づけを最初に述べてみよう。

まず第一に、この論考は同時代の他の思想家にも、後の世代の思想家にも影響を与えたものではない。その意味では、「切れている」といっていい。同じ雑誌に後輩の箕作麟祥《みつくりりんしょう》が「ナポレオン・コード」を翻訳して載せている。翻訳ものながら、こちらの方は民権思想家や、次の世代の民法典論争に大きな影響を与えている。これに対して、西周のこの「人生三宝説」は、本人の意図にもかかわらず、法学思想につないでいくにも無理があるし、事実つながってもいない。では、殊更にこの論考を取りあげる理由はどこにあるのであろうか。それは明治初頭の啓蒙思想家たちが、西欧思想をいかなる既知の知識をもって導入しようとしたかが典型的に表されているからである。もちろん、『百一新論』にしても、『百学連環』にしても、その傾向はあった。しかし、この二著作は西欧思想の紹介が主たる内容であり、理解不可能な内容はそのままほったらかしにされている。例えば、ドイツ観念論の紹介などは極めて図式的であり、理解しようにもその理念、その用語の多くは西周の伝統的思考にはないものであった。ただヘーゲルの国家哲学については、明治初頭の政治的必要性から、西周もまた注目していることは、既に述べておいた。

西欧思想史における観念論から実証主義への時代の転換を内在的に理解することなどは、西周ら明治啓蒙家たちにとってはどうでもよいことであった。そもそも実証や実利の追求という発想は、伝統

思考の中にもあったからである。多くの先達の研究が教えてくれているように、日本的儒学なかんずく徂徠学の思考性がそれである。明治啓蒙思想家のうちで誰よりも漢学の素養の深かった（松平春嶽の指摘による）西周にしてみれば、徂徠学という伝統思考から西欧のJ・S・ミル類似の発想を引っぱり出すことなど容易であったろう。とは言え、この「人生三宝説」には伝統思考と西欧思考を結びつけるという試みだけではなく、以下に説明するように、西周自身の思考も展開されている。彼自身の思考が必ずしも論理整合的なものであったわけではないし、また、経済学的思考や法学的思考に結びつけようとする彼の試みも、既に述べたように必ずしも成功しているわけではない。

しかし、彼の思考を考察するに当たってこうも考えられないだろうか。人は誰しもその人の生きた時代精神の枠を大きくは踏み越えられない。大きく踏み越えられないさまを、大きく変わった一世紀後の時代精神と知識で裁くなどということは無意味であるし、そんなことはまた歴史の結末を見てきた者の傲慢さではあるまいか。ある思想家が限定された時代精神の枠内で、どのように揺れ動き、どのように次の行動を導き出そうとしたか、その心の軌跡を浮かびあがらせること。その心の軌跡を別な時代精神の中を生きるわれわれが、もって「他山の石」とすること以外、史乗（歴史書）を学ぶことの意味はないと思う。

では、筆者自身の「人生三宝説」に対する視角をまず最初に提示してみよう。西周は言う。人はすべからく「ジェネラル・ハッピネスを人間の第一最大の目標」とすべきである、と。そのためには「第一に健康、第二に知識、第三に富有」を大切にすることであるという。以下、この三つの「宝」

を自分も大切にし、他人にも大切にさせることが、いかに「社会」や「国家」の基礎となり、いかに道徳や法につながっていくことになるかを論じていく。西周は、人間にとってこの三つの「宝」の重要さを提示した後で、すぐさま、こういう話を聞かされればおそらく人は失笑するだろうと懸念を述べている。私もまた西周の懸念とは別な意味で苦笑を禁じえない。あの三つの「宝」をもっと平たく言うと次のようになる。

人間にとって幸せなことはまず第一に健康《まめ》で生活していること、第二にろくでもない世迷い言《ごと》に惑わされず、新しい世を渡っていける知恵があること、第三に雨露をしのげる家屋（財産）があること。それに甘《うま》い酒でもあればこれに越したことはない。それ以上人生に一体何を望むというのか、と言いたげである。甘《うま》い酒は筆者の付け足しで、ちょっと余計であるが、「三宝説」の発想には、功利主義の推称であるとか、「個」の尊重であるとかと言う前に、むしろ東洋の士君子の理想的あり方が、一部に諦観を込めて語られているように思えてならない。この論考の終わりの部分で、西周は次のように述懐している。「私はもう頭が半白の年になってしまった。この年になっても私はいまだ知らないことを知ろうと思うし、私のこれまでの人生での非を知りたいとも思う。……政府が三宝保護の努力をしてくれたら、（私は）もっと喜々として長寿を楽しみたいものだ」（六節）。諦観を込めてとは、山縣有朋に認められて「困惑」し、兵部省の下役につき、「明六社」の一員になって多くの論考を発表もし、生まれ変わった姿を多少なりとも認めてもらえるようになった。しかし、福沢諭吉には「娼妓の客にこびるがごとし」と皮肉られて、わが事のように動揺もした。だが、私はもう人生の終わる五

○歳も間近だ（実際は、この時、かぞえで四九歳のはず）。更に健康で、つまらない風説に惑わされない知識をもち、今の家屋を保ちうれば幸いだ。別に広大な庭園付きの屋敷に住みたいとも思わない。庭園を楽しみたければ、芝や上野に出向けば十分だ（鷗外著『西周伝』での発言）。後はもっと長生きをして人生を楽しみたい。「これが人生の幸福でなくして、何だというのだ」、と言わんばかりである。何かそこはかとない諦観が滲み出ていはしまいか。

この「人生三宝説」の論理的内容を吟味する前に、この論考を以上のように下世話に読んでみると、筆者もまた苦笑しながら、人生なんて所詮はそんなものかもしれないなと、思わず同意したくなってしまう衝動にかられてくる。

三宝説から見た道徳論と社会論

さて、西周は、三宝の重要さを指摘すれば人は笑うだろうが、かの孔子孟子の教えだとて結局これに尽きるのだ、という。つまり、この三宝を大切にすることは、「修身、斉家、治国、平天下」の大本だというのである。これでは、ベンサム、コント、ミルの思想の敷衍《ふえん》というより、随所に彼らの思考を借用しての伝統思考の再考と言わんばかりである。西周自身も、この「三宝説」は、「私自身の意見であり、私の胸中に湧き起ってきたものを述べたものであって、あえて西欧の思想家たちの意見を享けて述べようとするものではない」（一節）とことわり書きを記している。この論考が西周自身の考えだとするなら、従来からの伝統思考との関係、更には道徳や法に対する関係はどうなるのであろうか。

まず、この「三宝」を大切にするということは、「天がそれぞれの人間に賦与したものであって、

各人が天より享けた最大幸福の基本である。これらを求め、これらをまっとうするのは理の自然であり、天授をむやみに滅ぼさない道」（一節）なのだという。これを従来からの用語で言い換えるなら、この「三宝」を大切にするというのは、「性法」（自然法）に基づくもののことであると言うのであろう。コントやミルが「自然法」に依っていたわけではないが、西周が比喩的にもせよ、しばしば「天」や「性法」的発言をしてきているのは、西欧的なものではなく、朱子学的なもの、あるいは、少し崩して徂徠的なものであることは、これまでも幾度か指摘してきた。

　そしてまた、「三宝」を大切にすることは、道徳の大本でもあるという。西周は、「三宝」の大切さを道徳につなぐのに三つの視点から考察する。この三つの視点からの考察も厳密な道徳あるいは道徳哲学《モラール・フィロソフィー》の展開からというより、まことに身近で下世話な例からの考察である。三つの視点の第一は、個々人の自己自身に対する関係の視点である。その第二は、対人関係の視点。その第三は、公的立場からの視点である。

　第一の自己自身に対する関係とは、「三宝」をもし大切にせず、投げやりにしてしまったらどうなるかということである。「三宝」の一つ、健康を投げやりにしてしまえば、不健康になり、あげくの果ては生命を落としてしまうことになるだろう。「三宝」の二つ目、知識を投げやりにしたら、学ぶを好まず、善を見ても義を見ても服従することを知らず、本当の幸福を知らずに、グチばっかりこぼして終わってしまうだろう。「三宝」の三つ目、富有をないがしろにすれば、怠惰になり、貧困に陥入り、餓死してしまうだろう。孔子様だって、不義の富貴をむさぼるべからずとは言われたが、努力

して金を儲けることはいけないことだとは言っておられないはずだ、と。このような説明に、西欧道徳哲学の影響を云々するのはヤボというものだろう。各自、大いに健康で、新しい知識を得て、大いに財産を作りなさいよという明治初頭の通俗道徳の推めを読みとれば、それでいいはずである。

第二の対人関係における「三宝」の重要さについては、次の通りである。対人関係には当然のことながらルールがある。このルールは、他人の健康を害してはならない。他人の知識を害してはならない（これは他人を欺いてはならないということだそうである）。他人の富貴を害してはならない、というものである。ところで、他人の「三宝」を害してはならないというルールは、「汝、何々をするなかれ」という禁止命題で述べられるものであり、西周はこれを消極的三綱と名づける。この消極的三綱が法律の源だというのである。この消極的三綱に対して積極的三綱というものがあるという。これは「汝、何々すべし」という命題であるが、これは「汝、何々したいと思うならば」という仮言命題のもとでのみ成り立つという。「汝、もし何々したいと思うならば、何々すべし」という仮言命法である。具体的には「もし自分の「三宝」を大切にしたいと思うならば、他人の「三宝」も大切にすべし」ということである。消極的三綱が法律の源であるとするなら、積極的三綱は道義（道徳）の源であるという。

仮言命法が道徳の源であると主張するところに、西周がイギリス功利主義に寄せた思いの浮き出ているところである。この「三宝説」のみならず、その後の論考でも、カントの諸著作、なかんずくあの『永遠平和のために』までが引き合いに出されているが、西周がカントを本格的に読んでいないこ

とがすぐにも分かる。カントなら、道徳の基礎は仮言命法ではなく、「定言命法」であらねばならないと主張していたからである。

さて、「三宝」の大切なことを自己自身にとってどうあるべきか、他人に対してどうあるべきかを論じて来た以上、次はもっと広い人間関係においてどうあるべきかが論じられなければなるまい。西周は、もっと広い人間関係である「国家」あるいは「政府」を論ずる前に、「ソーシャル・ライフ」について論ずる。今日の用語をもってすれば「社会生活」である。この「社会」を西周は「社交」と訳している。同じ『明六雑誌』の第二号（明治七年刊）に掲載された彼自身の論文「非学者職分論」の文中では、「社会」が訳語に当てられている。それなのに、後の論文である「人生三宝説」では「社交」となっているということは、明治七、八年段階ではまだ「ソサイアティー」の観念が定着していなかったということであろう。

もともと、「社」は、漢語で「土地の神」あるいは「土地の神」を中心とする地縁共同体を意味していた、という。この「土地の神」の祭礼のために集まる人々を「会」と呼んだそうである。このような意味をもつ「社」と「会」を合体させて、西欧市民社会の「ソサイアティー」「ゲゼルシャフト」の訳語に当てはめるのは、かなり抵抗感があったのであろう。それはともあれ、西周は、「ソサイアティー」＝「社交」の観念を、どうも「ゲゼルシャフト」ではなく「ゲマインシャフト」的に考えていたようである。彼は、「社交」の本質を「相生養」だというのである。「相生養」とは、互いに助け合って生きていくということであろう。村上敏治の指摘（「西周の思想に対する徂徠学の影響」、『京都学芸

大学紀要』№.二五）によれば、西周のこの「相生養」という言葉は徂徠の『弁道』に由来するものだそうである。さもやありなんと思う。

ところで、西周は更に続ける。「社交」には「社交」を維持するプリンシプルがあるという。そのプリンシプルとは、「相対立するものの同一性」という原則であるという。どういうことであろうか。「人は私利のために努力して生きる」というのは当然のことである。だが、「私利のために生きる」ことが、さまざまな職業における「他人のために生きる」ことにもつながるのだ、という。「自分のために」と「他人のために」という二つの相対立する原則が、結局のところ「公益」（パブリック・インタレスト）において一つのものになるのだそうである。だが、西周の説明には無理がある。市民社会、別な側面から見るなら資本制社会において、諸個人は「他人のため」に「自分のための営為」を行うのではない。西周の説明には視点のすりかえがある。A・スミスでさえ、両者を結びつけるのは「見えざる神の手」によってとしか説明の仕様がなかった。しかし、そんな厳密な追究を西周に求めるのは、これまたヤボであろう。彼はあくまでも東洋の士君子である。

西周は「自分のために」と「他人のために」という相対立する思考性の理解を、揚子（為我の説）と墨子（兼愛の説）の説で説明しようとする。この二つの相対立する原則が一つになる「公益」（パブリック・インタレスト）は、結局、「私利の総数」（第四節後半）なのだとも言う。ここのところは、そのままベンサム『道徳および立法の諸原理序説』からの借用である。

「社交論」つまり「社会論」の後は、「国家論」を論ずる番である。ところが「国家論」の段階になると、急速に西周の説明に欠落、不明の箇所が多くなると感ずるのは私一人だけであろうか。

「国家論」

まず、「国」から「国家」への用語の変遷は、何時、誰によってなされたのであろうか。「明六社」関係で、「国家」という用語の使用は加藤弘之の明治三年刊『真政大意』が最も古いようである。西周の慶応二年の訳出である『萬国公法』（ただし出版は明治元年）では、次のように述べられている。「第一章、万国公法の大旨、第二節、公法にて国と称する語は、各自ら特立して他に服属することなく、□《?》を以て相交る建奠《けんてん》自主の国を指す」と。もともと日本語で「クニ」とは、自分の所属する地域、なかば自立した地域を指していたはずである。したがって、江戸期で「クニ」「クニモト」といえば、それぞれの出身藩を指したものであった。そのような「クニ」が日本全体を意味するような使い方になるのは、幕末の段階においてであるだろう。先にも述べたように、幕末に訳出された西周の『万国公法』では、「クニ」が独立主権国家の意味で使われている。おそらく従来からの慣用語である「クニ」を独立主権国家の意味に拡大使用することへの異和感が、「国家」という新しい言葉の登場をうながしたのであろう。もっとも漢字の古典での使われ方、その日本語への導入については、識者の指摘を待つほかない。

今、幕末において「クニ」が独立主権国家を指すように用いられたと述べておいた。ところが、独立主権国家の基本である「主権《ソヴルニティ》」の訳語が見当たらない。あの『万国公法』における「自有の権」、

あるいは『国体新論』（加藤弘之、明治八年刊）の「統制する大権利」などが、それに当たるのであろうか。「統制する大権利」などという訳語になると、当然にも君主に帰属するというニュアンスが強くなる。あの加藤弘之でさえ、「国家の主眼は人民にして、人民のために君主あり」（『国体新論』）とは述べているが、「国家」の「大権利」が人民にありとは述べていない。つまり、「大権利」という言葉の響きが「民草」や「臣民」の響きとは共鳴しないと受け留められたのであろう。

さて、西周の「国家論」に戻ろう。西周は、「クニ」あるいは「国家」にまつわる以上のような諸問題に一切答えようとしない。彼はいきなり「政府」を持ち出す。「政府」は他の「社交」（つまり「社会」）組織、すなわち、利殖のための会社、工業のための会社、宗門のための会社などと同じ性質をもつものである。だが、さまざまな「社交」組織が「三宝」のうちの一つを追求するものであるのに対して、「政府」は「三宝」のすべてを追求する点で違いがあり、「政府」はその点で他の「社交」組織を管轄、管理する権利をもつものだという。仮に西周の説明する「政府」の役割を「国家」の役割と置き換えて読んでみたとすると、西周の説明が不十分だということがすぐにも分かるはずである。彼自身が『万国公法』で訳出していた通り、「クニ」あるいは「国家」は、他国と交戦、講和、条約締結を結ぶことができる「主権」（彼らの訳語では「自有の権」？）を担っている点で、他の「社交」組織と違うからである。もちろん、「クニ」あるいは「国家」がそのような「主権」の行使を行うに当たっては、人民の「三宝」を保護するという義務からであり、当然のことながら、その義務の履行のために、他の「社交」組織や人民に対して、強制力をともなう強力な権利をもつことになる。

西周も「政府」の役割と機能について、それなりに述べてはいる（『人生三宝説』第五）。すなわち、「政府」の義務としては、第一に内政上の諸機構整備、第二に外交（軍備を含む）上の諸処置の善処、第三に徴税と官禄とのバランスの配慮などなどがある。この三つはスタティスティックに見ても遺漏なきよう整備されなければならないという。「政府」の第四の義務としては、勧農・勧工・教育・互市・貨政等の義務があるという。これは道徳上の義務であり、これは緩急自在にダイナミックに行われなければならない。前の三つの義務は人民の「三宝」保護のためだが、四番目の義務は人民の「三宝」を補強するためのものである、と。「政府」の義務を多く挙げて、その裏にある強制力の発動についてほとんど語らないところが、いかにも官僚主体の「明六社」的啓蒙の特徴というべきであろうか。

「主権」概念の曖昧さが、明治啓蒙思想家たちを一様に曖昧な態度にしていると言っていいだろう。「主権」（西周のように「自有の権」と言おうと、加藤弘之のように「統制する大権利」と言おうと）の発動は「政府」（行政府）が行うとばかりは限らない。一八世紀末のフランス革命政権のように「議会」（立法府）がもつ場合もある。「議会」内の委員会が軍事指揮権まで握っていたのは有名な話であろう。もし「主権」が「人民」にあるというのなら、どうあれ官僚指導の行政府より、「人民」によって選ばれた「議会」にそれを担わせるのが筋だろうという主張からであった。しかし、明治啓蒙思想家たちは、あらかたフランス革命の理念に言及することを避けている。明治啓蒙思想家の中でも右寄りの加藤弘之が、せっかく「国家の主眼は人民にあり」とまで言っておきながら、「統制する大権利は」「君

主」にありと述べていること。また心のぶれている西周は、「人民」の開化が遅れている国で、民撰議員を選出し、これに権力を持たせたら、デマゴーグ（西周は「駁旧相公議一題」〈明六雑誌、第三号〉で「偽論家」と呼んでいる）の輩出をどうして防ぐことができようかと問いかけていることなどが、この問題の深刻さを物語っているだろう。しかし、やがてほぼ一〇年後、明治憲法問題が俎上に上ってくると、この「主権」＝「統制する大権利」が再び大きく取り挙げられてくる。

西周もまた「国憲」（国家の憲法）制定は時代の趨勢だと感じとり、「政府」のあり方や「人民」の国政参加について様々な条件を提案する。西周によると、「人民」の「三宝」を保護するのが「政府」の義務であるが、保護を求める「人民」の側にも次のような問題があるという。つまり、「人民」がそれぞれの「三宝」を大切に思う気持の点では平等だが、各人がその「三宝」の増進をはかる点で能力上に差ができてくる。その結果、それぞれの「三宝」にも優劣が生まれてくる。それは「自然の等殺」（自然の不平等）というべきものであり、優れた者が羨望の的になるのは「道義上の等殺」（道義上の不平等）というものだ。もちろん、「自然上の不平等」「道義上の不平等」が身分制によるものであってはならない。あくまでも個人の能力と努力の結果であれば、仕方のないことだとする。さすがに西周は、加藤弘之のように、だから「婦人、少年、狂人、刑人、極貧者、無教育者」は「国事に参預する権利なし」（『国体新論』第五章）とまでは言わない。西周の場合、伝統的漢学の素養で語っていても、明治という新時代の社会道徳だけは心得ていたようである。

三宝説は結局幸福論の系譜

さて、「人生三宝説」の考察を終えるに当たって、この論考の明治思想史における位置をもう一度押さえておこう。この論考は、漢学の素養に訴えて功利主義思想の定着をはかったという意見（小泉仰氏）もある。また、個々人の「三宝」の貴重さを前面に押し出す道徳の建設を試みたものであるという意見（鈴木修一氏『「明六雑誌」とその周辺』、二〇〇四年、お茶の水書房）もある。これらの意見はいずれも間違ってはいないだろう。しかし、私は、この「三宝説」が明治初頭の通俗的エートスと東洋的士君子の理想的あり方のミックスされたものであることを、前に指摘しておいた。しかし、そのミックスのされ方は堅牢なものではありえない。揚子と墨子との説をスコットランド啓蒙思想家たちの苦慮と結びつけるなどということは、土台、無理な話である。それ以上に、この論考の明治七、八年という時代そのものに対する態度が曖昧であることも既に述べてきた。加藤弘之のように「主権在君」は当然であり、女性や学歴のない者あるいは社会的弱者は「政府」の義務の恩恵にあずかる資格がないとまで突っぱねようとはしない。さりとて、自由民権運動の根拠となるような「主権」の根源、「クニ」のあり方にまで踏み込むつもりもない。

彼の「三宝説」を西欧の道徳哲学で言えば、徹底的に「幸福論」の系譜である。ところが、周知の通り「幸福論」では処理できない道徳問題に「正義論」の系譜がある。功利主義、実証主義の道徳哲学は「幸福論」に、カントに代表されるドイツ観念論は「正義論」に基礎を置いてきた。この二つの系譜の道徳哲学の対立は、今日に至るも根強く続いてきている。西周もそのことを知らないわけではない。しかし、彼は「権義」（「権利」と「義務」）問題が第一であり、それが整備された上で「道義」

が成り立つのであって、問題の「着手の順序」を間違えてはならない（「三宝説」二）という。もし、西欧の「正義論」の立場なら、まず「道義」の根拠を尋ね、次に「権義」に及ぶはずである。確かに東洋の思想にも「身を殺し、もって仁をなす」（『論語』衛霊公篇）という西欧の「正義論」に近い考え方もある。しかし、これも西周に言わせると、「三宝」のうち二つ（健康と富有）を捨てて、その他の一つ（知識）をまっとうすることなのだ、と。どうもこれは苦しい説明というより、詭弁に近いというものだろう。

とにかく、彼は功利主義、実証主義に加担するあまり、「幸福論」に包摂されえない「正義論」まで東洋的幸福論に繰り込んでしまっている。これらの理論は諸問題の処理の仕方が、いかにも過渡期である明治啓蒙思想の特徴を示している。とは言え、彼らは他方で西欧的「自然法」を東洋的「性法」という考え方で受け留めていたことも述べておいた。しかし、明治初期の啓蒙思想家たちは、あえてこちらの方面の更なる追求には無関心であった。何が人間や社会にとって「自然法」なのかといった問いは、西欧思想ではやがて「正義論」に行き着く。明治啓蒙思想家のあらかたは新政府の中級役人である。あの明治七、八年段階で下手に「正義論」をふりかざせば、一体どういうことになるか。彼らは知識としてだけなら、一八世紀末に至る西欧的「自然法」の展開を知っていた。それは彼らの望む所ではなかった。「あたかも娼妓の客に媚るがごとし」とカラカワれて、心が動揺しながらも、西周に代表される明治啓蒙思想家のかなりの部分は、とにかく、「権利」と「義務」の問題を近代的に整備することが、われわれにとって急務なのだという点に自分たちの存在意義を求めていった。

4 『明六雑誌』の終焉

西周の関わった『明六雑誌』の中の論争は、他にも多くある。例えば、「国語表記」の問題などもその一つである。翻訳を生業としてきた西周にとって、縦文字の日本語に西洋の横文字表記を入れるのは大変であったろう。そこで西周は、日本語をすべてローマ字表記にしてしまえという極論（「洋字を以て国語を書するの論」〈第一号〉）を提起する。その後も彼は周期的に主張されるローマ字表記論の草分け的論者であった。また森有礼の「妻妾論」（第八号）に端を発した論争、すなわち、わが国の古い悪習である蓄妾に対する批判は、多くの人々を論争にまき込み、やがて「妾」という概念そのものを法的規定から排除する（明治一五年）遠因ともなった。このように『明六雑誌』は穏健な論調で明治初頭のさまざまな問題に、一応、啓蒙的役割を果たしたと言える。

新政府多難の時期

しかし、事態は、『明六雑誌』を含めた当時のメディア界全体にとって好ましくない方向に進んでいた。『明六雑誌』が刊行されていた明治七年から八年にかけては、実は、維新以来最も多難な時期にさしかかろうとしていた頃であった。あの「民撰議院設立建白書」にサインした一人江藤新平が遂に佐賀で武装反乱に立ちあがり（明治七年二月）、一ヶ月を経てようやく鎮圧された。しかし、これは続く熊本神風連の乱（明治九年一〇月）、その三日後の萩の乱の前ぶれであった。更には、明治一〇年

二月の西南戦争の前哨戦とも言えるものであった。一万数千の兵を率いての西郷隆盛の決起は前々から予想されていたものであり、もし西郷軍の決起に全国の不平士族あるいは重税に苦しむ農民が呼応すれば、新政府の命運を決しかねないほどのものであった。そのために新政府は前もってさまざまな手を打っていた。

新政府の打った手の一つは、地租軽減であった。従前の地租百分の三というのは封建社会の年貢率に優るとも劣らないほどの重税であった。そのためこの地租に対する反対を掲げて、全国各地の農民が一揆に立ちあがっていた。新政府が地租を百分の二・五に軽減したのは、西南戦争勃発の一ヶ月前、すなわち明治一〇年一月四日のことであった。百分の二・五でもまだ重税ではあったが、新政府のこの軽減処置で、一応、農民一揆は鎮静化し、西南戦争への連動をかろうじてかわすことができた。

新政府の打ったもう一つの手は、明治天皇に東北、北海道巡幸をしてもらうことであった。数年前に討伐された東北旧諸藩の士族たちが西南旧諸藩の士族たちに呼応すれば、反乱は一気に全国規模のものになってしまい、財政、兵力ともに乏しい新政府にとっては対応不可能になってしまいかねない。明治天皇は明治九年六月二日（西南戦争勃発の約八ヶ月前）、東北巡幸に出発する。この巡幸に当たって、新政府の要人（おそらく内務卿の大久保利通）と地方官の演出、配慮は周到であった。明治天皇一行は、途中、日光東照宮を訪れ、三仏堂保存のために資金の下賜まで行っている。旧幕臣たちを慰撫するのに十分な処置であったろう。一行は、あの奥羽越列藩同盟の中心地白石を経て仙台に入る。仙台では旧藩主所蔵の美術品、骨董品を視察して、大いに満足している。列藩同盟盟主としての旧藩主たちも、

おそらく恐縮し、心の重荷をおろしたであろう。巡幸団は更に北上し、海を渡り、函館まで行っている。目的はあの最後の決戦地五稜郭を訪ねることであった。夕刻、函館の町の街路にはいっせいに灯がともされ、天皇巡幸を歓迎したと伝えられている。巡幸団は函館から御用船で横浜に帰った。七月二一日のことであった。

しかし、新政府と内務省の配慮は無用であった。東北諸藩の旧士族たちは数年前の決定的敗北をおおむね時代の趨勢と受け入れていた。この点は西南諸藩の旧士族たちとは違っていた。西南諸藩の旧士族たちには、時代の趨勢を命がけで推し進め、勝利したのに、その見返りがこの没落と惨状かという憤懣が渦巻いていた。この時、宮内省御用掛を務めていた西周の前にも、そのことを痛く思い知らされる人物が間もなく立ち現われる。それはあの山本覚馬や南摩羽峰とは違った、これまた数奇な運命をたどった旧会津藩士広沢安任《やすとう》といった（後述）。

以上の内政問題に加えるに、外交問題もまた新政府を悩ましていた。帝政ロシアとの樺太帰属交渉は、明治四年五月に始まり、アメリカの仲介もあって、平和裡に明治八年五月、樺太放棄、千島列島獲得ということで条約調印にまでこぎつけることが出来た。しかし、韓国および清国との交渉はこじれにこじれていた。

明治七年一月の「民撰議院設立建白書」の発端となった前年半ばの「征韓論」論争は、既に述べた通りである。しかし、日本側の韓国に対する態度は、それにとどまらなかった。次の事件は明治八年九月二〇日に勃発した。この日、日本の軍艦雲揚は清国に向けて朝鮮半島西海岸を北上していた。途

中、同艦は飲料水の不足に気付き、江華島に給水を求めようとした。これに対して江華島側砲台は砲火で応えた。日本側が他国の領海内に入るのに、他国政府の許可を求めたかどうかが問題となる。許可なしに侵入しようとした場合なら、まず警告射撃があってしかるべきである。こうしてみると、この事件の発端はどっちもどっちという感がする。結果は両軍激しい砲撃戦となり、日本側の正確な砲撃が江華島砲台を完全に撃破し、更に同島の南の永宗島を一時占領までしてしまった。一週間後、軍艦雲揚は長崎に帰港する。これを「江華島事件」という。この事件の後、日本新政府は小艦隊と使節を派遣し、鎖国状態の朝鮮政府に開国を迫り、かつて徳川政権が甘受せざるをえなかった不平等条約を朝鮮政府に押し付けて、一件の落着をみた（明治九年二月）。

清国政府との間では台湾問題で外交関係がこじれていた。事の発端はかなり早く、明治四年一一月七日、琉球島民五四名が台湾に漂着し、台湾のポリネシア系原住民に殺害されるという事件があってからのことである。明治四年一一月と言えば、五稜郭の戦い（明治二年五月）によって維新動乱が完全に終息してからわずかに二年半ほど後のことである。新政府の財政的対応も新軍事制度も、まったくと言っていいほど整っていなかった。そのような事態は逆に言えば、維新の功臣たちにとっては、多少の独断専行があっても功績に免じて許されるとする雰囲気があったとも言える。新政府は度重ねて清国との外交交渉をもった。尊大な清国政府側は、台湾の「生番人」（ポリネシア系原住民）は化外の民だという態度をとっていた。日本の新政府は、化外の民なら討伐軍を送っても清国攻撃とはならないはずだという態度をとった。とは言え、日本の新政府はなおも慎重であった。と言うのも、アメ

リカやイギリスが、日本の台湾侵攻は国際法上清国の主権侵害になるとして反対を主張していたからである。しかも、やっと佐賀の乱を鎮圧したばかり（明治七年三月一日）の新政府は、続発するであろう不平士族の反乱対策におおわらわであった。

明治七年四月四日、西郷従道が台湾蕃地事務都督に任命され、翌日、大隈重信が台湾蕃地事務局長官に就任した。西郷従道を中心として台湾侵攻の準備は着々と進められた。それでもなお新政府はためらっていた。五月二日、西郷従道は新政府の命令を待たずに、遂に出撃命令を発した。陸海軍将兵千人が四隻の軍艦に分乗し、台湾社寮港を目指して進んだ。つまり、台湾出兵は西郷従道の独断専行であったことになる。西郷の独断専行に日本新政府が引きずられたわけである。もちろん、生蕃人を相手の戦闘は日本近代軍の圧勝に終わる。日本近代軍の敵はむしろ熱気とマラリヤであったと伝えられている。台湾出兵の後も、日本政府と清国政府との交渉が続き、ようやく明治七年一〇月三一日、両国間に条約が成立、調印された。しぶしぶながら清国政府は日本の台湾出兵を是認し、その経費の一部を負担し、以後、責任をもって生蕃を監督し、航海の安全を保障するというものであった。この条約成立を受けて、一二月三日、西郷従道は台湾からの撤兵を開始した。

讒《ざん》謗《ぼう》律、新聞紙条例

先ほど、『明六雑誌』が刊行されていた明治七年から明治八年にかけては、新政府にとって内外ともに多難な時期であったと述べておいた。その内実は以上の通りである。あの「民撰議院設立建白書」に触発されて、民権運動の組織も全国的に広がりつつあった。したがって、この時期、世論も大いに盛りあがる。各種の新聞、雑誌、更には各種の演説会が世論を代弁した。

これらの世論はおおむね民権推進を主張したが、新政府の対外交渉における弱腰外交をなじるものも多かった。新政府の弱腰外交をなじる声は、不平士族からのものが多かった。「征韓論」にしても、「台湾生蕃事件」にしても、あるいは「江華島事件」にしても、不平士族の不満をぶつけるのに格好の題材であった。新政府としては、内政外交の諸問題を無責任に煽りたてる（？）当時の各種メディアに対して、規制を加えなければならないとする処置に踏み切ることになる。明治八年六月二八日の讒謗律（政府の悪口を言うのを取り締まる法律）、新聞紙条例の制定がそれである。

『明六雑誌』廃刊

『明六雑誌』は、実は、前島密を社主とする『郵便報知新聞』の発行になるものであった。この『郵便報知』もご多分にもれず、民権派に傾いていた。とすれば、中級官僚の多い「明六社」としては、はなはだ具合の悪いことであった。政府の意向を受けて、この『雑誌』は、明治八年九月、第四三号をもって発行を自粛することになる。西周の「人生三宝説」は継続中であった。西周自身も、森有礼や津田真道らとともに続刊を主張したらしいが、社員の大多数が停止、廃刊に賛成し、ここに二年数ヶ月にわたるこの『雑誌』の命は終った。しかし、「明六社」そのものは、中級官僚と知識人の親睦団体としてその後も存続し、西周も社員として、度々「明六社」に出入りしていることは、彼の「日記」に見えている。

第四章　西南戦争から竹橋騒動へ

1　西南戦争

参謀局第三課長としての西周

『明六雑誌』が廃刊になっても、「明六社」は社交クラブとして存続し、西周も多くの社友とここ（具体的には築地の精養軒）で談笑し、意見を交換し合っている。そうこうしているうちに、西周は思いもかけぬ第三の活動期を迎える。しかし、この第三の活動期は本当に彼が心から望んだ活動であったのかどうか、疑問は残る。とは言え、この第三の活動期は、単なる啓蒙的論文活動とは違って、日本の軍制確立に直接影響を与えたという点では、西周にとっても最も重要な活動の時期であった。それはともあれ、この第三の活動の切っ掛けは、あの西南戦争とそれに続く竹橋騒動であった。

さて、西南戦争は幕末以来続く国内動乱の最後の戦いであったと言える。しかし、最後の戦いであ

り、次の時代を誘発する戦いであっただけに、当時も今も評価は極めてむずかしい。あの戦争は、佐賀の乱、能本神風連の乱、萩の乱と続く一連の不平士族の反乱の総決算というだけのものであったのだろうか。薩摩軍が明治一〇年二月中旬、鹿児島を発進して北上した時の兵力は一万数千と言われている。熊本に入った薩摩軍に合流した熊本隊、協同隊以下、高鍋隊、延岡隊にいたる九州各地からの兵力約六千、その他、各地での徴募兵を合せて総兵力三万とも四万とも言われているそうである。これらがすべて保守反動的な不平士族であったのだろうか。薩摩軍に合流した宮崎八郎や池辺吉十郎らの諸隊は単純な不平士族であったのだろうか、それとも民権思想の影響を受けた士族ではなかったとでも言うのだろうか。土佐で薩摩軍に呼応して決起しようとした林有造や大江卓ら。彼らは板垣退助の右腕とも言われるれっきとした民権思想家であったはずではなかったか。

ただし、西南戦争の評価をむずかしくしているのは、この戦争にはもう一つ別な要素も加わっていたからである。例えば、越智彦四郎、武部小四郎らの結社は、田原坂、植木の戦いが終盤戦をむかえようとしていた三月下旬、福岡に挙兵する。政府軍としては背後を衝かれるような形になるため、大いにあわてふためいたであろう。彼らは、やがて玄洋社黒竜会を名乗り、大陸進出の右翼民間団体としてその名を馳せることになる。もともと薩摩軍の盟主西郷隆盛の薩摩帰国は、征韓論という言わば先駆的(?)国権論が退けられたための行動であったため、玄洋社系の人々が乱に参入するのは、むしろありうる傾向性であったとは言える。

周知の通り、戦闘は二月下旬からの熊本城包囲攻防戦(四月一四日までの二ヶ月間続く)、三月いっぱ

いの田原坂、吉次峠の戦い、三月下旬の植木の戦いでほぼ決着がついた。特に最大の激戦「田原坂の戦い」の帰趨を決したのは、政府軍の砲兵隊による優れた砲撃力であったと言われている。赤い帽子に黒のスケルトン軍服（肋骨のように胸に横の金モールがついている制服）の砲兵隊は、政府軍の優秀さを誇示する存在であった。やがて東京に凱旋したこの砲兵隊の一部が、あの「竹橋事件」の不幸な主役となる。田原坂、植木の戦いで破れた後、薩摩軍は熊本城の包囲も解き、九州各地での戦線を縮小させつつ、鹿児島に戻る。住民の協力もむなしく、衆寡敵せず、政府軍に追い詰められた薩摩軍は城山で全滅する。九月二四日、午前九時頃一切の銃砲声が止んだという。

戦後、というより現在に至るまでと言うべきかも知れないが、西南戦争あるいは西郷隆盛に対する評価は割れる。世論は、「判官びいき」もあって、薩摩軍と西郷隆盛に同情的であった。当時の民権思想家たちはと言えば、例えば最もラディカル派に属する中江兆民までが同情的論評を発表していたし、「明六社」系の穏健啓蒙思想家たちの中では福沢諭吉がやはり同情的論陣を張っている。もちろん、これに加えるに玄洋社系を含む国権論者たちが圧倒的支持を寄せ続けていたのは言うまでもない。さて、こうして見てくると、あの戦争の実態はどうであれ、それぞれの論者があの戦争を素材にして自分の思いを投影し、近代化を急ぐ新政府に対する自分の思想をぶつけていたことが分かる。そもそも「歴史論」、「歴史を語る」とはそのようなものではあるのだけれども。では、西周の場合はどうであったのだろうか。

西周が西南戦争や西郷隆盛について論じた箇所は、明治一一年二月から五月にかけて行われた連続

講演「兵家徳行」以外にはない。西周もまた薩摩軍の強さを、彼らの「士心合一」にありとひかえ目ながら認めている。彼のひかえ目な発言の背景になる彼と陸軍省との関係を見ておかなければなるまい。というのも、「明六社」の社員のあらかたは政府の役人であったが、特に西南戦争当時陸軍省の役人であったというのは、西周以外にはいなかったからである。

西南戦争が始まる一ヶ月前の明治一〇年一月、西周は、「再び」陸軍省の四等官として出仕を命じられている。「再び」というのはどういうことであろうか。かつて彼が沼津兵学校の頭取をしていた時、勝安房の推薦で初めて兵部省に出仕したのが、明治四年四月のことであった。翌明治五年二月、兵部省は陸軍省と海軍省とに分離する。西周は、もっぱら秘史局の事務の仕事やら、「明六社」に参加していた頃は、陸軍省第一局第六課長かつ第六局兼務、かつ参謀局第三課長兼務と一見多忙のようであった。しかし、その仕事の内容はもっぱら「兵語辞典」の編輯などといういかにも彼にふさわしい仕事であった。その後、明治九年一月になって、宮内省御用掛に転じていたのであるから、明治一〇年初頭の陸軍省出仕は、したがって「再び」ということになる。「再び」陸軍省に出仕した彼は、参謀局第三課長を命じられている。

参謀局、陸軍省から「参謀本部」として独立

この参謀局は、西南戦争と竹橋騒動の後の明治一一年一二月、「参謀本部」として陸軍省からの独立の一歩を踏み出す。これは、陸軍省内のドイツ派（山縣有朋―桂太郎という陸軍内主流派）が、ドイツ「参謀本部《ゲネラールシュタープ》」の制度を強引に導入したことによるものである。軍の指揮命令系を軍行政機関である陸軍省（あるいは海軍省）から切り離し、「天皇」―

「参謀総長」――「各軍司令官」と一本化することを狙っての組織改正である。このような組織改正は西南戦争、竹橋騒動といった指揮命令系統の乱れに対する反省から出たものである。指揮命令系統の単線化といってみたところで、後ほど述べるようにそう簡単に機能したわけではない。西周も陸軍省出仕からすぐにも参謀本部出仕に変わるのだが、この前後の彼の仕事を見てみよう。

参謀局が独立して「参謀本部」になるのだが、参謀局がまだ陸軍省の内にあった時も、外局扱いであった。ところが外局としての参謀局には七つの課があったという。すなわち、一課総務、二課亜細亜兵制、三課欧亜兵制、四課兵史、五課地図政誌、六課測量、七課文庫（明治七年六月一八日、参謀局条例による）といった編成であった。こうして見てくると、参謀局といってみたところで、とてもじゃないが、戦闘部隊に指揮命令を出すような組織にはなっていない。第三課長の西周は、したがって欧亜兵制研究の責任者ということになる。けだし適任であったというべきであろう。西南戦争前後までの近代日本の軍事組織は、この参謀局編成によっても分かる通り、まだまだナイーヴな学びの姿勢をとっていたと言える。ちなみに付記するなら、西周の編輯になる「兵語辞典」は、明治一二年、参謀本部刊『五国対照、兵語字書』として出版されている。前原透氏の『日本陸軍用兵思想史』によると、西周の苦心して訳出した翻訳語で現代にまで通用しているものは、ごく少数に限られているという。それもそのはずである。西周が依った兵語の原典は一九世紀中期、オランダ歩兵大尉ラントラッタ編の仏独英蘭対照の『兵語辞典』（一八六七年）であったからだそうである。

それにしても宮内省から再び陸軍省に戻った明治九年から明治一〇年にかけて、西周の身辺は非常

に慌ただしかったはずなのに、一向にその気配がない。彼が宮内省御用掛に転じた明治九年には、明治天皇の東北巡幸（六月）、熊本神風連の乱（一〇月）、萩の乱（一一月）といった行事、事件が次々と起っていた年であった。御用掛というのであるから、西周には当然天皇と要人たちの動静が伝えられていたであろうが、何の記録も残されていない。

宮内省から陸軍省に戻った西周の役職は元のあの参謀局第三課欧亜課長であり、かつ第一局第五課長を兼ねることになった。西南戦争勃発を一ヶ月後にひかえて、さぞかし参謀局はおおいそがしであったろうと思われる。というのも、政府側は挑発を仕掛けていたので、薩摩士族が暴発するであろうことは予測できていたからである。したがって、反乱薩摩軍が鹿児島を発進する二月一五日より前の二月九日には、既に、東京警視庁の巡査六百人に対して軍編成のもと九州への派遣が断行されている。しかし、記録には残されていないが、西周の仕事はかなりノンビリしたものであったようである。あの「兵語辞典」の翻訳、編輯に精を出していたのもこの頃である。同年二月下旬、両軍が熊本で激突した時には、J・S・ミルの『利学』の翻訳が完成しているし、都城《みやこのじょう》攻防戦が展開された六月には、東京大学に出向いて、詩歌とは違う、会話とも違う「演説」の効用について講演までしている。西南戦争を仕掛けたのは、陸軍省というよりむしろ内務省であったにしても、参謀局という名の付属部署の課長としては何とも呑気なことであることか。

思うに、西周を抜擢した兵部省あるいは陸軍省の最高実力者山縣有朋にしてみれば、西周に軍隊の派遣、装備、配備、糧食糧秣《りょうまつ》の配慮などといった軍事実務などもともと期待していなかった、とい

うことであろう。山縣有朋が元開成所教授の西周に求めたものは、あくまでも軍の理念、軍の組織、軍の紀律といった近代軍の基本にかかわる諸問題を、先進西欧諸国の事例に照らして、どのように考えるべきかということであった。その意味でも参謀局欧亜兵制第三課というのは、西周にこそふさわしい役職であった。しかし、山縣有朋は西周を陸軍省参謀局に再転属させるとすぐ、西周にこれといった指示を出すこともなく、西南戦争の新政府軍本営の設けられた福岡に、海軍の川村純義中将とともに赴任してしまっている。

新政府軍の問題点

あの西南戦争において、徴兵令による新政府軍の実力が初めて試された、とよく言われてきている。確かに、最終的には徴兵による軍隊が旧士族軍に勝利した。しかし、優れた性能をもつ豊富な武器弾薬を装備した一〇倍におよぶ新政府軍である。なおかつ、主要戦闘場面では新政府軍も旧士族兵を前面に押し出して戦うような戦争であった。例えば、近代戦の常識では一斉《いっせい》射撃砲撃の後は突撃戦になる。薩摩軍は抜刀突撃してくる。これには新政府軍の銃剣突撃兵はひるんだらしい。そこで新政府軍も旧士族の抜刀突撃兵を前面に出して戦ったという。新政府軍内部では徴募兵にも帯刀させるべきかどうかさえ問題になっている。それにしても一〇倍の兵力であるから、新政府軍が勝利を得るのは、むしろ当り前のことであった。明治六年の徴兵令（この法令制定にも西周が加わったと言われているが、詳細は不明のままである）、翌明治七年の徴兵令実施によって編成された新政府軍の問題点は、実は、もっと別な所にあった。

その問題点の一つは、指揮命令系統の不整備である。軍が軍律によって、あるいは軍律に基づく上

官の命令によって統一的行動をとらなければならないのは、当然のことである。ところが、明治の初頭では、軍首脳を形成する高級将校達自身が、維新の功績に驕って、必ずしも指揮命令系統に忠実に従っていたわけではない。特に、旧薩摩藩出身の人物にこの傾向が強かったと言われている。あの琉球島民殺害に端を発した台湾出兵で、旧薩摩藩出身の西郷従道の出撃が軍司令部の命令を待つことなしに行なわれたものであることは、前にも述べておいた。

西南戦争でも指揮命令系統の不分明さは続く。この戦争で新政府軍の本営は福岡に置かれた。征討総督は有栖川宮熾仁《たるひと》親王であり、陸軍卿山縣有朋と海軍大輔川村純義（海軍卿は勝安房であったが、文官であるため軍令には参加できなかった）の二人が参軍として総督補佐を命じられた。二人とも陸軍と海軍の中将であった。当時、新政府軍に最高位の大将の位を持つ者は存在しなかった。大将の位を持つ者は薩摩軍の盟主西郷隆盛ただ一人であり、しかも大将位を返上しないまま決起を決意している。薩摩軍は反乱軍ではなく、正当な問責《薩摩士族の所有である（?）武器弾薬の勝手な押収移動、警視総監川路利良配下による西郷以下の要人の暗殺計画（?）等々に対する》のための上京であるというのが、その理由であった。したがって時の県令大山綱良は、大将の問責のための上京であるから、沿道の諸県に恙《つつ》無《が》い《な》通行と、熊本鎮台には城外に出て整列しての出迎え要請の書簡まで送っている。この事例なども、軍の指揮命令系統の未整備を示す具体例であろう。

この未整備を正す制度的改革が、明治一一年一二月の陸軍省外局の「参謀局」を「参謀本部」として独立させる処置であったことは、既に述べておいた。そしてまたその内容的改革が、明治一五年の

「軍人勅諭」（この草稿は西周の手になる）であった。この「勅諭」において、軍の指揮命令系統は「統率」と規定されており、くだって明治二二年の「明治憲法」では「統帥」と規定されて、天皇に帰属することが明記される。「統率」であれ「統帥」であれ、言葉はこのように使われ、近代日本史上で芳《かんば》しくない響きを残すことになったが、その意味内容については確固とした解釈で統一されていたわけではない。つまり、この言葉が「コントロール」を意味するのか、「リーダーシップ」か、それともそれら以上の神秘的意味内容を持つのかについて、軍首脳の中で必ずしも意見の一致を見ないまま、これから様々な国際紛争の中でこの言葉が翻弄されることになる、ということである。

指揮命令系統の混乱の具体例

軍の指揮命令系統が不分明のままである事態は、実は西南戦争のそれぞれの戦闘局面でも見られた。上位の作戦計画を無視した現地中位の指揮官の独断専行あるいは自由裁量がそれである。例えば、四月中旬の熊本城籠城兵救出戦などがその良い例であろう。

熊本城の南に島原湾に注ぐ緑川という中位の川が流れている。この緑川の更に南に宇土がある。この宇土に新政府軍は黒田清隆中将指揮下の別働隊四箇旅団を上陸させた。熊本城を包囲している薩摩軍を南から圧迫するためである。黒田新政府軍は北上し、熊本城のすぐ南にある川尻を目指した。川尻を新政府軍に占領された薩摩軍は、熊本城の東にある益城《ますき》に本営を移して南北に強固な防御陣を敷こうとしていた。この布陣は新政府軍にとっては脅威であった。というのも、熊本城の北に位置する田原坂、植木の戦いで勝利した新政府軍が南下しようとすれば、熊本城包囲の薩摩軍と益城を中心に南北に布陣している薩摩軍の中間に入り込まざるを得ず、そうすれば東西の薩摩軍の挟撃にあってし

まうからである。したがって、川尻を占領した黒田別働隊は北からの攻撃に備えつつ、東の益城薩摩軍を衝くべく行動しなければならなかったはずである。だが、当時、緑川の中州にいた別働隊第二旅団は、何を思ったか、東への行動に備えるのではなく、急遽、北に向かった。熊本城の南に布陣している薩摩軍を駆逐し、籠城している熊本城への入城を果たした。これは二ヶ月にわたって籠城し、飢餓の迫っている城兵を救ったという点では大成功ではあったが、明らかに軍令逸脱、軍令違反であった。

「ここに応接まず言う事あたわず、ただ互いに感激流涕《りゅうてい》数行なりしと。しこうしてその城状の切迫なる、糧すでに尽き、ほとんど饑餓に際せり。」

（喜多平四郎『征西従軍日誌』講談社）

これは、飢えに苦しみかつ病兵として城内病床にあった一城兵による、城郭から救援隊を望見して沸きかえる喜びの一瞬の記録である。この熊本城救出の黒田別働隊第二旅団の現地指揮官は山川浩中佐であった。彼は緑川中州にいた第二旅団の中から数百名を選び、その先頭に立って薩摩軍の中に切り込んだという。その山川中佐の姿を見て、第二旅団全体が後に続いたのは言う迄もない。実は、山川中佐は元会津藩家老職であった。軍令違反を犯してまでの彼の行動は、もちろん、城兵四千を救い味方の戦力に加えるという戦略的思いもあったろうが、彼の胸中に一〇年前の会津藩籠城の苦しい思いが疼《うず》いていたとしても不思議ではあるまい。戦後、山川中佐にどのような処分が下されたのかは、今のところ知る由《よし》もない。

高級将校のややもすると恣意的行動、中級将校のやむをえない独断専行、あるいは自由裁量。このような実情は、当時の下士官、兵卒の秩序感にも影響を与えずにはおかなかったであろう。明治一〇年ぐらいまでの新制政府軍は、徴兵制によって形態だけは近代軍の体裁をとっていても、内実はこのようなものであった。ところが、政府軍の内実を問い質し、新しい秩序感を形成しなければならないような大事件が、戦後、起こってくる。西南戦争終結後、ほぼ一年後の明治一一年八月二三日に起った「竹橋騒動」と呼ばれるものが、それである。

竹橋騒動

竹橋とは、今日の皇居の北側にかかる橋である（今は土手のような通路になっている）。この竹橋を渡ると、国立公文書館と毎日新聞社前の内堀通りに出る。

明治一一年八月二三日深夜、この橋西詰に配備されていた近衛砲兵大隊竹橋部隊の約二六〇名が、週番士官深沢巳吉大尉らを殺害して、反乱に立ちあがったのである。そもそもこの近衛砲兵大隊は、一年前のあの西南戦争で、田原坂の激戦を戦い抜いた勇士たちであった。必死の形相《ぎょうそう》で押し寄せる薩摩軍も、この砲兵大隊の正確な砲撃に阻まれて遂に田原坂を抜けなかった、と言われている。砲兵大隊の方の損害も甚大であったであろう。とにかく、この砲兵大隊の西南戦争での功績は抜群であった。彼らはその軍功を胸にして東京に凱旋して来た。彼らは、当然、恩賞あるいは昇給を期待した。蓋を開けてみたら、何と恩賞、昇給どころか減給でしかなかったのである。あれほど生命がけで戦ってきて、その結果が減給というのでは立つ瀬がなかったであろう。彼らは強訴を計画したらしい。政府側から言わせればこうである。西南戦争にはとんでもない戦費がかかってしまったので、諸経費を

切り詰めなければならない。したがって恩賞だの昇給だのといったことは論外であり、近衛砲兵隊だけが苦労したのではあるまい、と。

当の砲兵大隊の強訴計画は、実は事前にキャッチされていた。しかし、政府も軍当局もその計画を阻止することができなかった。誰が首謀者であり、どのような主義主張につき動かされ、何を契機に暴発したのかは、今日では、まったく分からなくなってしまっている。事件そのものは、反乱軍、鎮圧軍との間に砲撃、銃撃戦が行われたので隠しようもなく、当時の各メディアによって伝えられている。しかし、鎮圧後は軍当局によって箝口令《かんこうれい》が敷かれ、事件の真相究明は闇に葬られてしまった。したがって、この「騒動」についての研究書は非常に少ない。とは言え、当時のメディアの報道、あるいは西周の論述を含めた各論者たちの論評によって、この「騒動」の意味のおよそは見当がつく。

「騒動」勃発の翌日、陸軍卿の山縣有朋は太政大臣三条実美に宛てて次のような報告を行ったという。

「今午後十一時近衛砲兵隊卒の内、徒党を企て兵営を毀《こぼ》ちいささか発砲等致し候者これあり候に付き、すぐさま討ち留めかつ脱走の者はたいてい捕縛致し鎮定に及び候、しかるに暴発の原因未だ確然致しがたく取調べ中には候えども、右はまったく兵卒どもの暴挙にて、下士官に於いては暴挙の者これなく候、取り敢《あ》えずこの段御届け申し候なり。

明治十一年八月廿三日　陸軍卿山縣有朋
太政大臣　三条実美殿」
（明治十一年八月廿五日『東京日日新聞』号外）

山縣のこの報告は、なるべく事を小規模のものにし、軍の根幹にかかわるようなものではないとする意図がみえみえの報告であり、取材が制限されていたとは言え当時のジャーナリズムの伝える報道とはかなりズレている。当時の『東京日日新聞』の報道を基にして、この「騒動」の経過を整理してみると、次のようになろうか。

減給処置が明らかになった時から、この砲兵大隊での不満は渦巻き始めていた。事件の前日、隊内ではもはや、その不満を抑えられない所まで来ていた。強訴を行うに当って広く隊内外の同調者をつのるため、参々伍々、集まりがもたれた。この事態は内務省の某にキャッチされていた。この参々伍々の集まりが単なる「暴徒」なのか、それとも自由民権派のイデオロギーに多少とも感化された「徒党」なのかは確認できない。事件前の講演である西周の「兵家徳行」（明治一一年二月）は、軍人が染まってはならない風尚の第一に「民権家風」をあげている。この時期、西周がことさら、軍隊組織への自由民権思想の浸透を警戒していたのは、板垣退助らの運動がまさに西南戦争以後に全国的展開期に入っていたからであるし、この運動の浸透が一般庶民層（あるいは農民層）へ広がりつつある時期でもあったからである。一般庶民からの徴集によってなる当時の軍隊もまたこの運動の格好の標的とされていたであろう。

抑え切れない隊内の不満を最初に受け留めるのは週番士官や小隊長あるいは中隊長である。この事件から五七年後の昭和一一年二月の二・二六事件では、士官たちは下士官、兵卒の熱い思いに突きあげられて共に決起する。しかし、この「竹橋騒動」当時の当大隊の士官たちは極力抑えにかかったのであろう。強訴を企てた下士官、兵卒が竹橋詰所から外に出ようとしたのは、近くに駐屯している東京鎮台予備砲兵大隊を味方に引き入れるためであったらしい。まず、当大隊の大隊長宇都宮少佐がこれに気付き、制止しようとして彼らの前に立った。しかし、彼らは大隊長の命令など聞こうとはしなかった。そこで宇都宮少佐は風紀衛兵に命じて、非常ラッパを吹き立てさせたという。この非常ラッパは非常事態発生を告げるものであり、大隊の上の組織である連隊に急を告げるものであった。これを聞いた強訴組は激昂《げっこう》し、大隊長を刺殺してしまう。刺殺以前までなら、強訴組の罪は、命令のないまま武器を携帯し、持ち場を離れて強訴を企てた罪ぐらいであった。大隊長の宇都宮少佐、近衛参謀長の野津大佐も、隊員の不満を十分知っていたはずである。彼らは隊員の不満を聞く姿勢を示さず、ただただ命令違反で臨み、その結果、宇都宮少佐に至っては自分の生命を落してしまったのみならず、強訴組を大量処刑という事態に追いこんでしまったことになる。

強訴組の方も大隊長を刺殺してしまった後は、暴徒の群のような状態になる。非常ラッパに応じて近衛砲兵第一、第二連隊が現場に駆け付ける。両者の間で砲撃、銃撃戦が始まる。強訴組の週番士官深沢大尉が、この時、強訴組におどり込んで、やはり制止しようとしたという。もちろん、たちまち刺殺されてしまう。強訴組は兵営内の厩舎《きゅうしゃ》に火を放つ。秣草がたちまちにして燃えあがり、その火

の手は城外からも望見できたという。強訴組は押されて竹橋土手まで引きさがる。そこから参議大隈重信の私邸に向って砲撃を加えたという。強訴組に対する不当な処置の元凶は、参議大隈だと信じられていたからである。しかし、近衛二連隊の兵力、火力にはかなわず、皇居の西側、半蔵門、麹町方面へ敗走し始めたという。当日の近衛連隊宿直将校の磯林中尉は参謀長の野津大佐から、反乱軍鎮圧の報告を本部に届けるよう指示されて、半蔵門を出た。折り悪しくその時、中尉は敗走中の暴徒に出くわしてしまった。敗走中とは言え、彼らは隊伍を組んでいたらしい。中尉が誰何《すいか》すると、彼らは近衛砲兵隊である、歎願の筋があって皇居に参上するものであると答えたという。当時、皇居は仮御所として赤坂にあった。磯林中尉は将校の手配を経ないで皇居に直参するのは筋違いだろうと説得した。中尉としては生命がけの説得であったろう。その説得に応じて百数十名の暴徒のうち三〇名ほどは、元の兵舎に戻り、九三名が皇居正門まで進んだという。

　騎馬であった磯林中尉は先廻りし、守衛大隊の西少佐と相談の上、正門を開けた。西少佐と磯林中尉の背後には完全武装の一中隊がひかえていた。暴徒たちも一列に整列していたという。西少佐が暴徒たちに向って武器の引き渡しを要求した。その時、暴徒の中から某軍曹が進み出て、もし武器引き渡しの要求に応じなければわれわれはどうなるのかと尋ねたそうである。西少佐は、さすれば全員討伐すると答えた。暴徒の中にはその場で切腹する者も出て、結局、全員投降で、一件は落着した。当時のジャーナリズムが伝える以上のような報道でも、下士官が暴動に参加していないなどという陸軍卿山縣有朋の報告が、いかに為にするものであったかが分かる。二ヶ月後の同年一〇月一五日、五

三名の銃殺刑で事件は終わった。昭和一一年の二・二六事件は、これよりはるかに大規模な反乱であったが、銃殺刑は民間人を含めて尉官一〇数名、下士官、兵卒に処刑者は出なかった。下士官、兵卒の願いも罪も、直接の上官である尉官たちがすべて背負って刑場の露と消えたわけである。

2　近代的軍事組織のエートス

「従命法」は絶対的か？

西南戦争が終結し（明治一〇年九月末）、この「竹橋騒動」が起こる（明治一一年八月末）ちょうど中間の明治一一年二月、西周は、陸軍偕行社内の燕喜会において、陸軍将校たちを前に連続講演を行った。これは「兵家徳行」として、『内外兵事新聞』に連載され、その後、同新聞社から「軍人訓誡」とともに合本された形で、広く陸軍内部に配布されることになったという。「兵家徳行」とは「軍人のモラル」ということである。近代軍隊における「軍人のモラル」の根幹は、「従命法」つまり「上官」の「命令」には絶対に従うというものである。これは一見当たり前のようでありながら、実は当り前ではない。何故であろうか。

封建社会の道徳も、「上司」に対する忠誠がその根幹であった。ただしその「上司」とは直接の「上司」のことであり、それより上の間接的「上司」ではない。例えば、A藩藩士にとっての直接的「上司」とはA藩藩主であり、その上の将軍家のことではない。もし、A藩藩主が幕命を理不尽だと考え、幕命に逆う決意を固めた場合、当のA藩藩士は藩主を諌《いさ》めることはあるだろう。だが、それで

も藩主が決意を変えない場合、A藩藩士は藩主の決意に殉《じゅん》ずるのが美徳とされてきた。幕命に逆らおうとする藩主を幕府に密告し、直接「上司」の藩主を没落させ、間接のより「上司」である幕制の意図に沿《そ》う行動をとっても、その藩士の行動は、社会的に是認されることはなかった。これはより下部の組織でも同じことである。A藩の重臣であるB家があったとする。B家があくまでも藩命に従い難いと感じ、主家に対する反逆を決意した場合、B家の陪臣はB家の当主とともに反逆に殉ずるのが美徳であった。九州熊本の細川家に対する阿部一族とその郎党の反抗と最期は、鷗外が大正時代に入って美しくも壮絶に語っているところである。

明治新政府は近代軍を創設するに当たり、「従命法」の必要性を強調し、かつ、それを最上級からのトップ・ダウン方式にしなければならないと考えた。そうでなければ近代組織とは言い難いからである。このような「従命法」は指揮命令系統の一元化ということで分らないわけではない。しかし、西周は近代化上のこのような必要性と現実的社会規範、社会のエートスとのズレを十分に意識していた。そのズレの意識は後ほど述べることにして、従来からの社会規範、社会のエートスが、何故明治という近代体制の時代に入っても妥当性をもっていたのかを考えてみよう。

そもそも、一般兵卒にとって常に労苦を共にしているのは、下士官クラスであり、将校でも五〇人の長である小隊長、一五〇人の長である中隊長の尉官クラスまでである。五百人の長である大隊長、二千人の長である連隊長の佐官クラスになると、何かの訓練の折にしばしば顔を見たという程度になる。ましてやその上の四千数百人の長である旅団長、一万数千人の長である師団長の将官クラスにな

ると、視察にやって来た時あるいは何かの儀式の折に、遠くからチラッと望見したことがあるといった程度になってしまう。逆に上官の方から見れば、小隊長、中隊長の尉官クラスは、部下の顔、名前、性格、家族関係まで把握しているはずである。だがそれ以上の佐官、将官クラスになると、所属兵卒はその人員数と戦闘能力だけが問題となる。的確に相手の顔と名前とを一致させて覚えられるのは、普通の人間の場合、五〇人からせいぜい百数十人位までである。

これは二一世紀の忙しい現代社会だとて同じことであろう。一クラス四〇人ほどの学級で、一人か二人の学業不振あるいは環境不適応の子供がいれば、学級担任の教師（その教師が良い教師であればあるほど）は、そのことを自分自身の問題であるかのように思い悩み、その解決のために心を砕くだろう。しかし、それが学校全体、その学区全体の問題であれば、校長なり教育委員会は統計的処理で問題解決の提案をするだけであろう。統計的処理で対処するのと、具体的に一人ひとりの子供に向き合って対処するのとでは、まったくその重さが違う。下士官、尉官と一般兵卒との関係もこれと同じである。彼らは常日頃共に寝起きし、共に同ジ釜ノメシヲ喰ッテいる。彼らの関係は濃密であるだけに、上司、上官としての下士官、尉官の命令は具体的であり、かつ重い。下士官、尉官より上部の命令になればなるほど抽象的になり、服従しなければならないにしても解釈の幅が広くなり、心の負担も軽いものになる。近代的なトップ・ダウン方式の命令は必要ではあっても、それぞれの審級では受け留められ方はまったく違うということである。

熊本城の南、宇土に上陸した黒田清隆中将の軍四ヶ旅団は、熊本城の東、益城に本営を移しつつあ

った薩摩軍を掃討すべく急遽東進を決定した。しかし、このままでは熊本城の南に布陣している薩摩軍から、左翼部分を攻撃される。黒田軍左翼の別働第二旅団は緑川の中州にあった。彼らも東進の命令を受けていた。しかし、同じ左翼の別働第四旅団が城南の川尻を占領した報告を受けるや、北の薩摩軍からの攻撃を排除するためと称して、第二旅団から選抜隊を選び、この選抜隊を北進させた。薩摩軍は東に逃れ、突然、熊本城への通路が開けた。この選抜隊の熊本城入城に続いて、第二旅団全体が入城を果した。このことによって熊本城内の籠城四千の将兵の命が救われた。しかし、黒田軍の東進の衝撃力、速度は鈍った。緑川中州の別働隊第二旅団は、恐らく北側に前哨か偵察隊を出していただろう。少人数の偵察隊は撃たれることを承知の上での潜行である。誰が信頼できない下士官、尉官に命を預けるものか。東進を至上命令とする黒田軍（師団）命令に反して、一旅団がまず北進して後東進を決定したなどということは、重大な命令違反以外の何ものでもない。この時、第二旅団長山川浩中佐はまるで大隊長か中隊長のように数百の選抜隊の先頭に立ったという。命令違反を承知の上で、第二旅団全体が奮い立ったであろうことは目に見えるようである。

「従命法」は近代軍の根幹ではあるが、個々の場面では絶対的なものではない。第二次世界大戦の苦杯をなめて二一世紀を生きるわれわれは、山縣有朋や西周以上に、「従命法」が絶対的なものではない事例を痛いほど思い知らされてきているはずである。例えば、戦時捕虜の取扱い、あるいは軍の秩序維持と国際的モラルとがぶつかった場合、どうするかといった問題がそれである。

戦時捕虜の取扱い問題については、西周自身が慶応四年刊の翻訳『萬国公法』（オランダの恩師フィ

セリングの講義録)によって、わが国に伝えている。同時期、ほぼ同じ内容のものが津田真道によって『泰西国法論』として翻訳刊行されており、こちらは明治一〇年頃には増刷されていたらしい。

今、『萬国公法』第三巻「戦時泰西公法の條規」、第三章「戦権の條規、人身上に係る者」、第四節と第五節とを掲げてみよう。

第四節 「傷ついて戦うこと能はざる者、俘獲その兵器を委する者、並に自己の意に出て帰降する者は、これを殺戮し、これを毀傷することを得ず」

第五節 「敵国の平民軍装せざる者は、ただ戦習の致す所と、あるいは戦勢の已むべからざるとに非るよりは、これに対しみだりに強暴の行事を犯すことを得ず」

(全集第二巻五九頁)

以上のような「萬国公法」を尊重したかどうかは別として、旧幕府首脳も明治政府高官も知識としては持っていたものと思われる。しかし、現実の個々の場面では、これらの条規の適用はむずかしかったであろう。軍装していない一般市民に暴行を加えてはならないと、第五節は言うが、「戦勢のやむをえざる場合を除いて」という但書がついている。西南戦争での薩摩軍は和装に袴というスタイルが多かった。このスタイルのしかも反抗的平民を政府軍の一隊が追い詰め、銃撃を加えた場合、それは「萬国公法」違反か、それとも「戦勢のやむをえざる場合」か。西南戦争だけではなく、それに続く多くの対外戦争でもこういった事態は頻発してきたはずである。しかも、ただ上司の命令に従って

行動しただけだという兵卒の訴えが聞きとどけられず、その兵卒が戦争法規違反として処刑された事例（いわゆるBC級戦犯）を、われわれは多く知ってきている。

「従命法」は必要なものではあるが、絶対的なものではない。だが、上官の指示、命令が絶対的なものではないとなると、部下はどうすればよいのであろうか。後ほど詳しく述べるように、西周は「竹橋騒動」（明治一一年八月二三日）直後に起草したと思われる「軍人訓戒草稿」において、何と一般兵卒の「異議申し立て権」まで認めている。将校の「意見具申権」なら、日本を含む各国の軍組織で認められているが、一般兵卒が命令を不条理と感じた場合、「異議申し立て」が出来るなどという権利を認めている制度は、一九世紀段階では存在しなかったのではあるまいか。まさに啓蒙家西周の面目躍如としたものがあるように思われる。

「従命法」については、実は、制度上もっと重要な問題が残されていた。誰を国家意志の発動者にすべきかということと、誰を軍事行動の最高の責任者にすべきかという問題である。幕府制度の下ではこれははっきりしていた。行政の責任と軍事指揮権の両方を握っていたのは「将軍《ショグナート》」であったので、両者の最高責任者として「将軍」は各国公使から主権者の尊称である「マジェスティー（陛下）」で呼びかけられていた。ところが、明治に入って「天皇《ミカド》」が主権者にはなったが、当初はまだ何となく宗教的司祭者のような取扱いであった。明治一〇年の西南戦争の段階でも「天皇」が新政府軍の最高司令官であったわけではない。主権者である君主が軍の最高司令官となって戦争を遂行した場合、敗北すれば直ちに当の君主あるいは君主制に傷がつく。敗北にまで至らずとも「萬国公法」に抵触す

るような行動があっても、同じことである。したがって、君主（大統領であっても同じこと）は、最高司令官を任命し、彼に戦争遂行の権限を委任することである。権限を委任した最高司令官に不都合があれば、彼を更迭あるいは処罰すればいい。

「統帥権」は神聖か？

ところが、西南戦争での福岡の本営司令官は前にも述べたごとく山縣有朋と川村純義の二人の中将である。その上に形式的には総督として有栖川宮熾仁《たるひと》親王がいた。しかし、彼は「天皇」の名代ではあるが軍内の地位は持たなかったはず。そこで戦後に大将、元帥の地位を設け、さらには「天皇」に大元帥の地位についてもらうことになる。更には再三述べてきたように「参謀局」を「参謀本部」として独立させ（明治一一年一二月）、軍の「統帥権」を軍行政の陸軍省から切り離してゆき、「統帥権」を陸軍省、つまり政府機関の関与の及ばない神聖な領域のものにしていく。しかし、近代政治の領域において不可侵の神聖な領域などあろうはずはない。例えば、明治三三年（一九〇〇）、清国で「義和団の乱」が勃発した時、日本を含む西欧八ヶ国が共同出兵をした。事件の発端が山東省のドイツ権益侵害によるものであったため、ドイツからヴァルターゼー元帥が派遣されてきて、彼は統一司令部と統一最高司令官（ヴァルターゼー元帥本人）を八ヶ国に要求する。それに反対して独自の行動を取ったのがアメリカとフランスであり、他の六ヶ国は彼の要求に従った。つまり、この時、日本軍の最高司令官はヴァルターゼー、ドイツ陸軍元帥であったことになる。やがて時代は第一次大戦後の軍縮時代に入る。周知の通り、大正一〇年（一九二一）、ワシントン会議において各国の海軍主力艦削減案が合意、調印され、更には昭和五年（一九三〇）、ロンドン

会議において各国の補助艦削減案も合意、調印されて、直ちに実施に移された。これらの削減案の合意、調印は政府代表によって行なわれたものであり、海軍軍令部（陸軍の「参謀本部」に当る）は賛成していなかった。果せるかな海軍軍令部は、特にロンドン会議の後、「統帥権干犯《かんぱん》」だといって騒ぎたてた。しかし、あの時、政府は国際情勢のしからしめるところだと言って、海軍軍令部の抵抗を抑えこみ、軍縮を断行したのであった。つまり、あの当時、政府にとって「統帥権」など神聖でも何でもなかった、ということである。

3　「兵家徳行」

日本人のエートス

先にも述べておいたごとく、明治一一年二月の講演「兵家徳行」は、新生日本軍における「軍人としてのモラル」「近代軍のエートス」はいかにあるべきかを説いたものである。

まず、近代軍は非常にメカニカルなものであることから説いていく。近代軍がメカニカルであるとは、その使用する武器が高度にメカニカルなものになってきているということとともに、その用兵術もメカニカルなものになってきている、ということである。かつて封建社会の軍は西欧でも日本でも、個人の武勇と技量を中心にして戦闘を行った。西欧でそのような戦闘形式が崩れ、メカニカルな用兵に基づく軍の構成と戦闘形式が生れてきたのは、一八世紀に入ってからのことである、という。

このような知識の修得は、単に西周によるというより、幕末以来、幕府も有力諸藩も西欧軍制の研究、導入を推めて来た成果の一つであろう。なにせ蘭学研究の柱の一つは兵学であったからであり、フランス陸軍の軍制の一部を導入した幕府軍関係者は、そのことを良く知っていたはずである。一八世紀以来、メカニカルな用兵術が登場してきたということは、絶対王制下の軍事組織が膨大なものになって来たということに起因する。かつて封建社会での諸侯の兵力はせいぜい数千どまりであった。これなら一人の司令官の肉声でコントロール出来る。しかるに一七世紀末から一八世紀にかけての絶対王制下（特にフランス絶対王制）で兵力は数万から十数万にふくれあがる。この規模になると軍を分割し、分割された軍団にそれぞれ指揮官をつけなければコントロール出来ない。まして一八世紀末のフランス革命後のナポレオン軍の登場になるとその兵力数は数十万（ナポレオンのモスクワ遠征では六十数万の兵力）に達する。とにかく、数万の兵力規模になった段階では個人の武勇と技量は、もはや、問題ではなくなる。ここまでの知識は、講演をしている西周も、聞いている将校たちも共有していただろう。

さて、西周は更に続ける。膨大になった軍をコントロール（彼は「節制」という言葉を使っている）するためには、「規則」と常日頃の「操練」が必要であるという。昨年の西南戦争は、政府軍のこの「節制」のきいた軍と賊徒の「士心合一」の軍との戦いであり、結局、「節制」のきいた軍の勝利に終ったではないかという。西郷軍を賊徒呼ばわりしておきながら「士心」で結ばれた軍と形容しているあたりは、この戦争後の知識人の複雑な心境をのぞかせてもいる。この時代、「士心」「士道」は古い

言葉ながら、プラス・イメージを込めて使われていた言葉だからである。

ところで、軍をコントロールする規則が「従命法」というものである。これがあってこそ軍の秩序が維持される。「従命法」とは、「上官の命令には従う」という規範である。だが、「従命法」いってんばりで臨んでも現実の軍がそう簡単には動かないであろうことは、前節で述べておいた。西周も別な意味でそのことを感じとり、次のように述べている。もし、品性の疑わしい上官が部下に命令するに、「品性は個人の問題、命令は組織の上部からのものだ」といっても、部下は動くだろうか、と。しかし、この問題は逆の方向性から尋ねることもできるはずである。つまり、もし部下の現状と思いからまったくかけ離れた命令が降りてきたら、直接の上官はどうすべきなのか、と。この講演から六ヶ月後の「竹橋騒動」が痛くそのことを思い知らせてくれるはずである。西周は「従命法」と並んで「率先の徳行《モラル》」の必要性を説く。軍の秩序維持のためには、この二つのモラルが必要であり、両者は相表裏し、相補い合うものだという。だが、両者は時として激しくぶつかり合うものであることも忘れてはならないだろう。

「従命法」にせよ「率先の徳行《モラル》」にせよ、「軍人のモラル」特に「将校のモラル」を論ずるに当って、考えておかねばならないのは、それらを支えるその国の一般的「風尚・習俗」であるという。それはそうであろう。イギリス人の気風、フランス人の気風、ドイツ人の気風とまったく切り離されたそれぞれの国の将校気風がありうるわけはないからである。第二次大戦後、日本軍将校しか見たことのなかったわれわれが、アメリカ軍将校を間近かに見て、あまりの違いに驚かされたものであった。西周

の言うこのような「風尚・習俗」を倫理学で言うなら、それぞれの国、社会の「エートス」ということになるだろう。西周の指摘を倫理学的に言い換えるなら、いかなる国の軍人、将校の「モラル」も、その国、その社会の「エートス」から切り離されたものではありえない、ということである。とすると、日本の軍人、将校の「モラル」はどのような日本人の「エートス」と結びついていると言うのであろうか。

日本人の「エートス」の説明に、西周は江戸中期の国学者であるあの本居宣長の和歌を引き合いに出す。

「敷島の大和心《やまとごころ》を人問はば
　朝日に匂ふ山桜花《やまざくらばな》」

桜花の性質を西周は、「忠良易直」と評している。「忠とまめに、良とおとなしく、易とすらりとして、直とすなおなる」（その三）ことだと言うのである。実は、西周は同じこの和歌について論じた論考を『明六雑誌』に発表していた。第三二号に掲載された「国民気風論」というものである。ここでもこの和歌が披露され、要約して「忠諒易直」の性質とされている。だが、こちらの論考では、この性質は専制政治の下ではすこぶる好都合の性質であり、福沢諭吉の言葉を借りて、「無気無力」の気風だとまで酷評されている。それなのに数年を経ずして、この和歌とこの性質に対する手の平を返したよ

うな評価の変転はどうしてなのだろうか。西周の変節だ、つまり民権論に同情的な立場から軍律の確立という方向性への転換だと主張する人もいる。しかし、そうとも言えない言辞は西周の語り口から漏れてもくる。しかし、ここでは西周の日本人の「エートス」に対する評価の反転があった事実だけを指摘するにとどめよう。

日本人の「エートス」を桜花に譬え、特に軍人の戦争に臨むに当っての「モラル」にまで昇華させた話は、その後、日本の初等中等教育現場にまで浸透していく。第二次大戦の戦前戦中にこの課程の教育を受けた世代なら、これに「散華《さんげ》」の思想を加えた教育をいやというほど受けたはずである。西周も、明治一一年の段階でよもや自分の発言がそのような展開を見せるとは思ってもみなかったであろう。またもや思わず先走りしてしまった。論点を元に戻そう。

軍人にあっては ならない三つのエートス

西周は、桜花のような日本人の「風尚《エートス》」を元にした今日の軍人にとって、あってはならない三つの風習をあげる。その第一のものは「民権家風」であるという。西南戦争以後、急速に展開されてくる民権運動に対する警戒感からであろう。ただし、この時期の西周の心底にはダブル・スタンダードがあったようである。新政府は幕政の専制を撤廃して生れてきた政府であるから、人民（平民）が自治自由の精神をもって事に臨むというのは当然のことだ、という。にもかかわらず、「従命法」を基にした軍人（臣民）は、あくまでも上下の秩序を厳格に守らなければならないのだ、とも言っている。この時期、西周の上司であり最も保守的であるはずの山縣有朋も民撰議院の設立に必ずしも反対の立場をとっていない。問題はその時期といかなる憲

法の下での議院かであった。当時の軍部のトップ（山縣）や政府の首脳（伊藤博文中心）がこのような態度であったとすると、人民にとって自治自由の精神は当然のもの、ただし軍人にとっては好ましくない精神だとする西周の立場は、片や「明六社」に一つの軸足を持ち、他方の軸足を「参謀局」に持つ彼にとっては、当然すぎる発言であったかも知れない。ただし、後ほど述べるように、この居心地の悪い彼のダブル・スタンダードは、「竹橋騒動」直後に配布される「軍人訓戒」の草稿（西周筆）において、「異議申し立て権」の設定で、一応の解決が計られることになる。

それにしても、「兵家徳行」が言う軍人にとってあってはならない「民権家風」とは、当時の軍隊にどれほど浸透していたものか、この講演の六ヶ月後に起る「竹橋騒動」にどの程度の影響を与えたものか。これらのことを示す史料や統計などほとんど見当らないのは残念なことである。

軍人にとってあってはならない第二の風習は、「状師家風」だという。状師家とは法律の専門家のことであり、自分の権利だけを主張する者のことである。西周は、ここでもまたダブル・スタンダードを持ち出す。自分の権利を主張するというのは、自治の民には是非にも必要なことだ。しかし、軍人がこの風習に染まってしまうと、軍全体の調和がとれなくなってしまうではないか、というのである。軍人が染まってはならない第三の風習は、「貨殖家風」だという。貨殖家とは蓄財に努む者のことである。この風習もまた今日の人民生活にとっては当然推められるべき風習ではあるが、軍人は終身保障であるのだから、このような風習に染まるのは戒めるべきことだ、という。当時の最高級軍人たちの蓄財には眼を見張るものがあった。これは西周の秘めやかな皮肉と見るべきであろうか。

以上、三つの風習批判で、思想史上最も問題となるのは、やはり第一の「民権家風」批判であろう。逆説的に言うなら、次の時代の主題が見えてくるような講演であったといっていい。この講演の最後のところで、西周は「従命法」の根源に、日本陸海軍の大元帥である「皇上」（天皇）を引き出し、「主権者」としているが、まだ「奉戴」と言っているだけで、「統率者」とも「統帥者」とも言っていない。なにせ、「参謀局」がまだ陸軍省の外局にとどまっている段階だからである。「参謀本部」の独立は前にも述べたように明治一一年一二月のことである。とにかく、西周はこの講演「兵家徳行」によって、「従命法」について従来の封建的エートスとは違った近代的エートスを求めようとしながら、日本的近代的エートスが孕む諸問題（その一部は既出）については、三ヶ月後に起った「竹橋騒動」によって痛く思い知らされることになる。そのことについて、更に詳しく次節で考えてみよう。

4 「軍人訓戒草稿」

一般兵卒にも「異議申し立て権」

「竹橋騒動」がどんなに軍首脳にとって衝撃的なものであったかは、一件落着後、陸軍卿山縣有朋の名で全軍に対して、「軍人訓戒」が発表され、配布（「竹橋騒動」の二ヶ月後の明治一一年一〇月）されたことによってもわかる。ところで、この「軍人訓戒」は、西周の草稿を基にして成ったものであるという。現在、『西周全集』第三巻には、「軍人訓戒草稿」とともに「軍人訓戒関係稿本」まで収録されている。この時期の山縣有朋と西周との関係、山縣がどの

ようなことを西に指示したのかといったことについては、亘理章三郎氏の研究（『軍人勅諭の御下賜と其史的研究』昭和七年、史文館）に詳しく述べられている。しかし同氏の研究に待つまでもなく、「軍人訓戒草稿」の文言を見る限り、これが「軍人訓戒」の元原稿であったことは、まぎれもない事実だろう。文言のみならず、その内容もまた「兵家徳行」で述べられていたことのあらかたが、この「軍人訓戒草稿」では箇條書にして並べられている。ただしこの「草稿」は「竹橋騒動」の後のものであるだけに、「兵家徳行」にはない内容が付け加えられている。この点に焦点を合せて、若干、「軍人訓戒草稿」を見てみよう。

「訓戒」も「訓戒草稿」も次のような文言で始まる。

「我帝国日本陸軍は維新の盛時に際し、旧来の制度を一変し、海外の所長《ママ》を採りて新たに創立する所にして……」

しかし、発足以来一〇年、ようやくその外形だけは整ったが、その内容である精神は未だしであると言う。では何をもって軍人の精神とすべきであろうか。それは、「忠実」「勇敢」「服従」の三つ以外にない。これを日常の卑近な事例にことよせて述べながら、一八箇条にまとめる。その一八箇条のうちに「兵家徳行」で述べられた「民権家風」「状師家風」「貨殖家風」という三つの弊風も禁止事項として盛りこまれている。ただし、第二、第三の事項は卑近で柔かい表現になっているが、第一の

「民権家風」については相変らず厳しく、かつより具体的な表現になっている。

「民権を主張するなどと唱え、本分ならざる事をもって自ら任じ、書生の狂態を学ぶ等のことあるべからず。かつ軍秩の次序を歴せずして建言をなすも許されざる所にて、いわんや所管ならざる官憲に対し建言等をなすも、勿論禁制たるが上に、新聞雑誌に匿名書等を投じ、時事を論ずる等もまた本分外の事たり。」

しかし、二年後の「軍人勅諭草稿」（明治一三年記、「軍人勅諭」発布は明治一五年一月）では、徒党を組んではならないという文言はあるが、「民権家風」あるいは「民権」という文言は消えている。前にも述べておいたように、「軍人訓戒草稿」を読んでみて、強く印象に残るのは「異議申し立て権」の明記である。しかも「将校の意見具申権」ではなく、「一般兵卒の異議申し立て権」をはっきりと明記している点である。この「軍人訓戒草稿」は、西南戦争の事後処理であるあの「竹橋騒動」の直後に起草されたものであるだけに、「従命法」だけでは事が済まないと考えられたのであろう。あの一八箇条のうちの最後の三箇条がそれである。（次は全集第三巻九七頁以下より）

「真に苦情ありて、いよいよ不条理なりと思い、これを告訴するは、これまでの服従の意を失うことなく、敢決して侮慢軽蔑の所行あるべからず。必ず媒价を求め、その意を達すべし。また徒党は

軍人の重き禁制たれば、三人以上出頭すること有るべからず。かつその事数人以上にわたることあれども、これを告訴するはそのうち上席の者二人に限るべく、その余は善悪有りと言えども、長官その筋より聞糺し等あるまでは関係なき者にて、聞糺に及びたらば各自の真情を申述すべきなり。」

また兵卒の上官に対する「異議申し立て権」も次のごとく明記されている。

「兵卒の訴告《(ママ)》一定の上官に対する時は、その伍長に申告して曹長に達し、曹長はこれをその小隊の司令少尉に上申すべし。もしその伍長を相手取る時は直ちに曹長に申告すべく、またその曹長を相手取る時は、これを受けたる伍長その司令大尉に達すべし。」

この告訴の手続きは、将校にも当てはまり、将校が「意見具申」ではなく、「異議申し立て」をする際の手順も次の通り明記されている。

「将校訴告《(ママ)》の事を為さんと欲せば、先づ紹价申告の道に依って其当人に理由を推問すべし。其相手中尉司令たる時は、その隊の中尉を价し之に告げ、大隊司令なれば隊中上席の大尉を价して之に告げ、もし連隊司令なれば中佐を价し、もし中佐も同じく相手方なる時は少佐を价し、如此して隊中連大小隊の士官多分其紹价を辞せば、再び勘考して始めて、訴告の法に従い、訴告は其相手の上官

へ上申すべし。」

ただし、「異議申し立て」が右のように条文に明記されるということと、その条文が実際に機能したかどうかは別問題である。思うに、西周のこの提案は軍内部では卑近なものにすり換えられてしまっていたのではあるまいか。例えば、兵卒相互の日常的トラブルで上官に訴えがあり、上官が仲裁に乗り出して処理するといった事例に。もちろん、重大な犯罪には、憲兵による逮捕、軍事法廷における本人並びに直属上官の処罰ということはあった。だが、ここに掲げた条文はそれらのいずれでもない。「上官」の「命令」を「不条理なり」と判断し、「従命法」に抵触せざるをえない場合の告訴の条文である。

「異議申し立て権」の先見性

軍内部における上官の命令に理由のいかんを問わず絶対に従わなければならないとする主張を、「絶対服従理論」という。世界各国の軍隊が中世から近代にかけて取り続けてきた態度である。これに対して、国際法、人権等に対する明らかな違法命令に対して、抗命義務を主張する態度が「限定服従理論」(林田和彦氏論文、陸戦研究、第三九巻四五九号)である。ただし、この「限定服従理論」は第二次大戦以後のものである。「限定服従理論」とは言うが、正直のところ、本格的適用はむずかしい。例えば、一九六〇年代半ばのあのベトナム戦争で、米軍による有名なソンミ村虐殺事件が起った。一九七一年三月、米軍軍法会議は、責任者の小隊長を有罪としたが、小隊長命令に従って村民二〇数名に銃を乱射した隊員たちは無罪とされている。彼らは、本来、

抗命権を持っていたはずなのに。

思わず、話を先走りさせてしまった。西周の「異議申し立て権」の主張は、彼自身が「萬国公法」(今日の訳語でなら「国際法」)の翻訳紹介者であったからであろう。彼の訳出したフィセリングの『萬国公法』(慶応四年四月刊)には、戦争条規が明文化されている。恐らく彼は、この条規に違反した上官命令を念頭において、あの「異議申し立て権」を設定したのであろう。具体的には、あの「竹橋騒動」のような事件を未然に防ぎたいという思いからであったと思われる。この当時、戦争条規に基づくような諸外国との大規模な軍事衝突やら、その付帯的な戦争条規違反事件などは未だ起っていない。だが、「萬国公法」の戦争条規に基づいた明治二七、八年の日清戦争になると、条規違反かどうかが問われる事件が起ってくる。大山巌麾下の日本第二軍が明治二七年一〇月下旬、金州に上陸し、旅順を占領するに当たって、民間人殺害事件を引き起したとする報道が、イギリス、アメリカのメディアで取りあげられたのである。第二軍の兵站軍医部長は森鷗外であった。彼の『征西日記』には、旅順港に浮ぶ戦闘員とも非戦闘員とも判定のつかない無数の死体に眼をそむける描写が記載されている。明治政府はあの幕末の不平等条約改正問題でまずアメリカ政府と交渉中であったのだが、この事件で交渉が一頓挫をきたしてしまったことを、時の外務大臣陸奥宗光までその回想録『蹇蹇録《けんけんろく》』の中で書き記している。この時、西周は脳溢血で倒れて久しく、大磯の別荘で病臥中であった。それにしても、この事件は西周の「軍人訓戒草稿」における提案が真剣に考慮されなければならない最初の事件であったはずである。

下士官から一般兵卒に至るまで、戦場において何をしてはならないかが、どの程度軍隊内に浸透しているかは、その国の一般的エートス、知的水準、軍隊内の教育水準に依存する問題であろう。二一世紀の今日でも、各国の軍隊教育で、国際法規、ジュネーヴ条約、ハーグ条約などがどこまで取りあげられているかは、疑問のあるところである。ましてや、義務兵制をとっている国々などでは、ほとんど期待できない状態なのではあるまいか。

以上のような諸問題を踏えた上で、形式的条文上だけのことではないか、あるいは軍隊内部の些細な不満処理のための条文にすぎないのではないかという批判を承知の上で、一般兵卒に至るまでの「異議申し立て権」を掲げた西周の「軍人訓戒草稿」は、なおかつ、高く評価されてしかるべきなのではないだろうか。

西周の次の講演「兵賦論」が行われ、これが「新聞」に長きにわたって掲載されている間に、国内的にも国際的にも、時代は次の時代の幕明けに向って、大きく助走をし始めていた。

5 「兵賦論」

民権派寄り参議の追い落とし

西周の軍事問題への関与は、明治一一年以降、ますます本格化していく。二月から五月までの連続四回の「兵家徳行」の講演の後、同じ偕行社の燕喜会において、今度は「兵家徳行」の数倍の労力と時間をかけた講演を行う。明治一一年九月から断続的に三

年間も続く講演であった。この講演の初期には前掲の「軍人訓戒草稿」が山縣有朋に提出される。今度の講演は「兵賦論」という。「兵賦とは軍を立るの本資にして、これを国民に賦課するを云う」と、本文冒頭にも述べられている通り、この講演は国民に対する兵役義務の強化を訴えたものである。この講演が、前の講演と同じく『内外兵事新聞』に明治一一年一〇月から明治一四年二月にかけて掲載され、多くの将校たちに読まれていた時期は、西南戦争、竹橋騒動の事後処理から次の時代への過渡期の時期でもあった。次に、「兵賦論」を読む前に、この講演の時代背景を見てみよう。

この時期、内政問題の最大のテーマであったのは、何といっても西南戦争の財政的事後処理であろう。政府は年間税収とほぼ同額の四千数百万円の戦費捻出のため不兌換紙幣を大量に増刷した。経済法則を無視したこのような処置の結果、当然のことながら、物価は上昇し、インフレは進む。この対策として外債も提案されたが、国策に遡行《そこう》する恐れありということで採用にはならなかったらしい。となれば、政府としては一方に増税、官営事業の民間払い下げ（国有財産の切り売り）、他方に出費抑制という策しかなかった。西南戦争出征兵士の給与、賞与をカットすることもその一つであった。増税とインフレの中での給与カット。これが「竹橋騒動」の直接の原因であり、財政担当の大隈重信邸が砲撃までされることになった原因であることは、既に述べておいた通りである。明治一四年末に大隈重信に代わって松方正義が財政担当（大蔵卿）になり、不兌換紙幣の整理、デフレ政策への転換をはかるまでインフレは続く。

このインフレによる諸物価騰貴《とうき》の中で、当然のことながら全国的に企業家熱が高まり、バブル的に

各種分野の企業、金融業が群生する。他方、生活苦による庶民の不満も昂じていった。この庶民の不満の声を背景にして、民権運動も全国的に興隆に向かう。彼ら民権運動家たちは、明治一四年一〇月末、遂に「自由党」結成にまでこぎつける。民権運動の盛りあがりに突き動かされた政府内の参議はこれまた大隈重信であった。彼は二年後の明治一六年というかなり早い時期の国会開設の意見書を政府に提出する。政府は困惑する。民間の福沢諭吉にやや近いこのリベラルな佐賀閥の代表大隈重信を、参議の座から追い落すため、ライバル関係の長州閥と薩摩閥が手を組む。この陰謀は成功し、大隈は参議の座から追い落される。これが、後年、「明治十四年の政変」と呼ばれたものである。不測の事態に備えて、戒厳令もどきの警備体制の下での追い落し劇であったために、「政変」と呼ばれるのにふさわしい一幕であった。この「政変」に際し、薩長閥の政府は、勅令をもって、国会開設を一〇年後の明治二三年とし、あわせて欽定《きんてい》憲法として憲法を発布することを約束するのでなければ、世論を納得させることができなかった。「自由党」結成の半月《つき》前のことであった。

明治一四年末、大隈重信が政府から追放され、松方正義が大蔵卿になるや、彼は直ちにインフレ政策からデフレ政策への転換を計る。つまり、増税、新税はそのままにして、行政改革によって支出を抑えつつ、正貨準備金を増やして不兌換紙幣の回収に乗り出したのである。その結果、確かに諸物価は下落に転じた。しかし下落に転じたはいいが、農産物の下落はたちまちにして農民の生活に打撃を与える。生活苦に陥った農民は農地を手放し、都市に出て産業労働者になる道以外になかった。このようにして農村では手放された農地の集積が進み、大地主制が生まれ、都市ではいわゆる「資本の根

源的蓄積」が進む。以上のような農村部の貧困化を背景に、明治一五年以降、民権運動はそれ以前の士族中心の民権運動から民衆の民権運動へと広がりを見せる。各地に広がるこの民衆の民権運動を前にして、士族民権派はたじろぎを見せる。明治一七年一〇月末の「自由党」解党がそれである。その二日後に自由党左派の指導によって未曾有の「秩父暴動事件」が発生している。しかし、両方の民権派にとって、思っても見なかったような事態がこの前後に起こってきていた。

見え隠れする「仮想敵国」清国

それは、対外問題、外交問題の拗《こじ》れの衝撃である。この問題は、西周の軍事関係についての発言にも影響を与え、また、民権派知識人の思考性をも捩じ曲げてしまうような影響力を持つことになる。対外問題とは、琉球王国を介在させた清国との関係であり、また、征韓論（明治六年）、江華島事件（明治八年）以後、若干、好転していた朝鮮王朝との対決である。

まず、清国との関係から見てみよう。かつて明治七年、琉球島民五四名殺害の責任を問い、台湾出兵をめぐって清国と散々もめた経緯がある。明治一二年四月、今度は琉球王国処分問題で、またしても清国が異議申し立てをしてきたのである。もともと琉球王国は数百年にわたって中国王朝に対する朝貢国であり、中国王朝から冊封《さくほう》を受けてきた。もちろん、近世に入って薩摩藩の支配に屈した後は、琉球王国は形式的に二重帰属の形をとって明治に至っていた。薩摩藩がそれを容認してきたのは、一応独立国の体裁をとらせておいた琉球王国の貿易の利、幕府体制の下では密貿易の利を得んがためであった。自由貿易主義をとる明治政府にとって、二重帰属の形式など必要なかった。別な言い方をするなら、明治政府は独立国としての琉球王国など認めていなかった、ということでもある。そこで、

明治政府は琉球王国を琉球藩とし、廃藩置県（明治四年）後も、しばらく琉球藩の存続を黙認し、明治一二年四月になって、最後に残った藩である琉球藩を廃止し、沖縄県とする決定を下した。

明治政府のこの決定に対し、藩主尚泰《しょうたい》（琉球側の言い分では国王尚泰）以下尚氏一族は大いに不満であったという。明治政府派遣の官僚への県政事務引継ぎ、藩主（国王）一族の東京移住などことごとく延期を願い出ていた。その間、尚氏は密かに使者を清国政府の許に派遣していたそうである。もちろん、琉球王国処分を国際問題化するためである。果たせるかな、清国政府は琉球王国処分に反対し、冊封国に対する宗主権を主張してきた。アメリカ政府は、琉球王国処分問題については、日清両国間の交渉に期待するという声明を発表し、静観する構えを見せてきた。冊封国に対する宗主権などといういかにも古い外交慣例などは近代の外交慣例で通用するわけはないし、清国はその上琉球諸島に対する日本の主権を認めてもいた。というのも、かつて琉球島民が台湾生蕃に殺害された事後処理協定（明治七年一〇月）で、琉球島民を日本国民と認め、賠償金まで支払っていたからである。この協定を盾に、明治政府は琉球処分は国内問題であるとの立場を貫き、六百名の警察官（六百名の軍隊ではない点に注目）を本土から派遣して、処分を断行した。

次の対外問題は朝鮮王朝との関係である。同じ外交問題でも次に述べる事件（壬午《じんご》事変、明治一五年七月）は、西周の「兵賦論」の講演が終わった（明治一四年二月）直後に起こっている事件ではある。しかしこの事件の予兆の段階で、明治政府が（そしてまたしてもその草稿は西周の手になるもの）、朝鮮問題を通して清国を「仮想敵国」と見なし、調査、対策を立てざるをえなかった点（後述）で、重要な

事件となる。朝鮮王朝では、明治六年、守旧派の大院君に代わって、開化派の閔氏が政権を握っていた。閔氏は開化の点では一歩先を行っていた明治政府から軍事顧問を招き、軍制改革に着手していた。しかし、この改革は朝鮮軍内部に亀裂を生むことになる。守旧派の軍と開化派の軍との間の待遇格差が、その原因であったと言われている。その上、朝鮮政府の財政難のため給与米が何と一三ヶ月も遅れていたという。となれば当然のことながら、兵士たちは暴動に走らざるをえない（明治一五年七月）。この兵士たちの裏には、大院君の政権奪取のための陰謀があったとされている。

やがて暴動は朝鮮民衆をも巻き込み、日本公使館や閔氏一族をも襲撃した。日本公使花房義質らは漢城から仁川に逃れ、イギリス艦に救いを求めたが、多数の死傷者を後に残してしまった。閔妃《びんひ》（高宗妃、閔一族の頂点の女性）も逃れ、清国軍に救助を求めた。朝鮮駐屯中の袁世凱《えんせいがい》清国軍は直ちに治安出動をする。日本軍も居留民保護の名目で出兵する。結果は清国軍によって乱は平定され、煽動者として大院君は清国軍に逮捕される。閔妃が日本軍の出動を黙認したのは、清国軍の宗主国としての態度を牽制するためであったとも言われている。大院君を逮捕・監禁するなどという態度は、清王朝が李氏朝鮮をあくまでも冊封国の一つとしてしか認めていなかった証拠である。日本軍の出動を黙認しながらも、清国軍によって乱が平定され、政権の座に復帰した閔妃は、以後、清国派となる。朝鮮王朝をめぐる日清両国のこの駆引きと反目は、やがて日清戦争の遠因ともなっていく。

琉球王国処分事件にせよ、朝鮮王国内の壬午事変にせよ、背後に清国を見すえたこれらの外交問題は、日本国内に対外危機意識を煽ることになり、ナショナリズム勃興の契機となっていく。士族民権

から民衆の民権へと発展してきた民権運動も、このようなナショナリズムのうねりのラチ外にはありえなかった。そして、かつては最後の将軍徳川慶喜の側近、後、明治啓蒙期の知識人の一人、今、国軍形成の精神的支柱確立に向っている西周もまた、例外ではありえなかった。

近代軍の編成とは

先ほども述べておいたように、「兵賦論」は、西周が燕喜会において、明治一一年九月から三年間にわたって講演したものを、『内外兵事新聞』（明治一一年一〇月から明治一四年二月まで）が掲載したものである。この時期三年間というのは非常に長い期間であり、軍事問題についても、対外的諸事件が次々に起こる直前に当っていた。したがって、その読者対象はもっぱら陸軍将校であった。「兵賦」とは、「へいのぶやく」、つまり兵役義務のことである。この「兵賦論」は、これから起ってくるであろう対外的諸事件に対処するための軍備の拡張を、徴兵令の強化を、具体的数字をあげて説いたものである。ここで言う対外的諸事件とは、具体的に言えば清国を中心としたトラブルのことである。つまり、今日的表現で言うなら、清国を主要な「仮想敵国」とした紛争のことである。

ここで若干、明治初期の軍制について振り返ってみよう。明治新政府は、明治四年八月の「鎮台制」によって、仙台、東京、大阪、熊本に計四鎮台を置いた。二年後の明治六年一月には、これらに名古屋と広島を加えて六鎮台にし、同時に徴兵令を発布した。鎮台兵は初めは旧藩兵を厳選してこれに当て、順次徴兵令による兵に換えていった。その総数は平時で三一、六〇〇名、非常時に四六、三〇〇名（「日本治世の兵数」—西文書の中の稿本類の一つ、より）であったという。一鎮台兵ほぼ一旅団《ブリガード》

（約四千数百から五千名）であるから、およそ右のような人員になる。当時、日本の総人口約三四〇〇万強（明治一一年調査による）だったのであるから、この鎮台兵の総数は妥当な数であったと言えようか。

ところで、一旅団四千数百から五千という数はどこから算出された数であろうか。この数は、一人の指揮官が肉声で直接命令を伝達できる上限の数だ（クラウゼヴィッツ『戦争論』より）というのである。戦場では命令伝達の器具などすべて吹きとんでしまっているだろうから、最後の頼りとなるのは肉声しかあるまい。軍の「旅団」編成というのは、近代戦争においては、比較的小規模な編成である。その上の「師団《デイヴィジョン》」編成となってはじめて「戦略」単位（ちなみに「戦術」単位は一「大隊《バタリヨン》」約五〇〇名）となる。「旅団」が二箇あるいは三箇集まって「師団」となる。明治初頭その地方の治安維持のためには、「旅団」が適当な数であったのだろう。鎮台の置かれた時期や場所を考えれば、鎮台が「旅団」編成であったことが分かる。しかし、対外戦争となれば戦闘員の編成のほかに兵站部《へいたんぶ》も必要になってくれば、病院に代表される医療機関も必要になってくるだろう。とすれば「師団」編成は一万数千名から、時によると二万名を超える場合も出てくる。したがって、明治初期の段階ですぐにも「師団」編成の軍組織というわけには、財政的にも、ゆかなかったことは明らかである。「旅団」編成の鎮台制から近代的「師団」編成への軍組織への転換は、いよいよ清国との戦いが日程にのぼってくるようになる明治二一年五月のことであった。

では、このような明治初頭の軍事的国内事情に対して、明治政府の調査した清国の軍事事情はどう

であったのだろうか。当時、陸軍卿兼参謀本部長の山縣有朋は、明治一三年秋『隣邦兵備略』を参謀本部編で出版させている。隣邦《りんぽう》、隣の国とは、すなわち清国（そしてロシア）のことである。これは、前年の明治一二年に桂太郎中佐ら十数名の将校団を清国に派遣し、清国の兵制、軍備、地理などを調査研究させていた結果に基づくものだそうである。その調査研究の結果は、山縣有朋と西周にもたらされ、またしても当時陸軍省御用掛兼参謀本部出仕の西周が、その結果を基に草稿として『上隣邦兵備略表』を書き、山縣有朋の許に提出されることになったという。西のこの草稿を基にして参謀本部編の前掲の小冊子（『隣邦兵備略』）が刊行されたのは言うまでもない。西周のこの草稿によると、当時の清国の総人口は四億二千五百万強、その常備兵力は百万を下らないと見ている。とは言いながら、その兵制は未だ旧式であり、火器のごときもなお火縄銃などを用いている者が大半だと報告している。しかし、近年、清国も欧米列強を範として兵制改革を断行しつつあり、兵器の近代化にも努めており、日ならずして、清国の軍事力はわが国にとって脅威となる時が来るであろう、と結んでいる。

西周の明治一一年一〇月から明治一四年二月にかけての「兵賦論」は、以下のような調査研究も参考にして論じられたものである。特にこの論の後半部分は、ちょうど清国の調査研究班の帰国後に書かれたものであり、あの『上隣邦兵備略表』を山縣有朋に提出した後のものであるから、清国の現状に対するわが国の具体的対策が提案されている。これに対して、この「兵賦論」の前半部分では、まださし迫った対外危機意識のない時期の論であるので、西周の「戦争」についての壮大な歴史哲学的考察が述べられている、といっていいだろう。

常備軍三〇万の提案

まず、後半の清国に対する具体的提案の部分から見てみよう。西周は、厳格な国民皆兵制度に基づいて、毎年三〇万の徴兵を行い、一年四ヶ月の訓練と軍務を義務づけるべきだ、としている。周知の通り、当初の徴兵令は様々な適用外を設けており（例えば、戸主や一人子には適用されず）、かなり緩やかなものであった。そのような適用外の事項を廃止し、兵役を国民すべての義務にしようというのである。このようにして徴募された新兵を一年四ヶ月の訓練と軍務の後、順次、予備軍、後備軍、国民軍へと編成し直していき、結局、毎年三〇万の新兵で現役軍を構成するというのである。総人口約三四〇〇万強で三〇万の常備軍というのは、今日の常識では非常にキツイ数字であろう。しかも戦争中ではなく平時においての数字であるから、なおさらである。現在の日本の総人口を当時の約四倍とすれば、百二〇万の自衛隊を維持しようとするようなものである。これでは国民生活への負担が大きすぎ、国民総生産の伸びを阻止することになってしまうだろう。いかに「富国強兵」がこの時代のスローガンだとしても、「富国」と「強兵」とが必ずしも一致しないことを、当時の識者はよく知っていた。陸軍首脳としてもそうであった。旅団編成の「鎮台制」では対外戦争を戦えないことを知っていても、師団編成への拡大転換は、いよいよ清国との対戦を覚悟せざるをえない明治二一年五月まで待たなければならなかったのである。

三〇万の常備軍では金がかかり過ぎることを参謀本部にいた西周が知らないはずはない。そこで、彼はこれだけの常備軍の転用を提案する。この常備軍を訓練や軍務につかせるだけでなく、全国的な土木事業建設にも従事させ、その維持経費を軽減させよう、というのである。彼の言う土木事業とは、

鉄道、道路、港湾等の建設整備のことであるが、まずその第一に東海道本線の大阪までの開通を筆頭に、各府県の緊急の土木工事の名前が順次あげられている。その上で、関東から関西までを国防上の第一防禦ラインとし、それ以外を第二防禦ラインとして、それぞれのラインに城堡砲台の建設の必要性が説かれる。西周は、これらの土木事業への常備軍の転用によって、どの位の国費出費が抑えられるかの具体的数字まで弾き出してみせてくれている。しかし、話がここまでくると、まるで素人談議である。当時、大隈インフレ政策によって確かに全国的に企業熱は高まっていたが、その大部分は泡沫《バブル》的なものであり、持続的に全国で数十万の新らたな雇用を確保できるような状態には至っていなかったはずである。

以上が「兵賦論」の後半部分（特にその二一とその二二）の論旨である。あえて素人談議じみた話まで持ち出して常備軍三〇万の話を熱っぽく語っているのは、彼が山縣有朋に上提したあの『上隣邦兵備略表』を書いていた時期と重なり、隣邦清国の軍事的脅威が迫っていると感じたからであろう。これに対して、この「兵賦論」の前半部分は、国際状勢が未ださし迫った緊迫の状態になかったためか、西周も精神的ゆとりをもって、戦争についての歴史哲学的考察を展開してみせる。次に、「兵賦論」のこの前半部分を見てみよう。

戦争の原因論

さて、「兵賦論」の前半部分の歴史哲学的考察を繙《ひもと》いてみよう。西周は、何とまあ、ここではカントのあの有名な『永遠平和のために』の問題提起から始める。ただし、カントの言うような「永遠平和」「四海共和」の時代は、これから一万年後のことだろうと皮肉を込

めて語る。したがって、一万年後のために、現在のこの面白くない時代を避けて通るわけにはいかないではないか、というのである。彼の主張を更になぞれば、次のようになる。つまり、どうも「天翁」（上帝と言うべきか、造物主と言うべきか）なるものがあって、一万年後の「四海共和」の大目的のため、その方法を探るために、彼によって現在の紛争や戦乱が与えられているようだ、と。

しかも、古来からの紛争、戦乱を見るにつけ、「天翁」は北方に体力（腕力）を、南方には知力を与えてこられたようだ。そのことは東洋の歴史上の北方匈奴と南方漢民族の紛争ばかりでなく、西洋でのロシアとイギリスの例を見ても分かることである。その上で、北方から南方に侵攻するというのが、これまでの「天翁」の意図であったようだ。ところが、「天翁」の術策的意図も近代に入っては、どうやら通用しなくなった。例えば、一七世紀後半、近代ロシアにピョートル大帝が出現したことによって、北方ロシアもまた知力を備えるようになってきたではないか。そしてまた、ごく最近ではビスマルクのプロイセンがもう一つの良い例である。かつて古代末期までは北方の蕃族と蔑まれていたにもかかわらず、最近では腕力、知力を併せ持ち、フランスより北方にありながら、欧州諸国と外交あるいは同盟関係を結び、欧州のみならず、世界の動静をリードするほどになってきている（以上、その四まで）、と。

西周は更に続ける。こうして考えてみると、近代は知力の開化の台風が吹き荒れる時代である。ただし、知力の開化の陰にはそれぞれ格差も生れ、それらの格差をめぐって戦乱もありうる。つまり、開化と戦乱とは相関関係にあることを知るべきだ、という。この国際状勢の彼の説明は、昨今の経済

のグローバリズムと格差、戦乱の関係を彷彿させるものがある。したがって、今日の世界（西周が論を立てている明治初頭の世界）にあって、ある国の国是を定めるに当たり、その国是が一国だけで妥当するようなものであってはならず、必ずや国際関係の中で通用するようなものでなければならなくなってきている、というのである。この辺の西周の主張も今日的である。ところで、今日、わが国の国是を考えるに当たって、参考にすべき二つの国是がある、という。その一つは「ロシア主義」であり、もう一つは「琉球主義」であり、この二つの主義ともわが国の国是とすべきではない、というのである。何故であろうか。

「ロシア主義」を国是とし難いのは、まずあの国は国内に膨大な未開拓地を抱えながら侵略主義を捨てていないこと、知力を蓄えなければならないのにあの国の知力はたかが知れていること、民力を養わなければならないのにあの国の人民には権利保障がなされていないこと等々による、という。これに対して、「琉球主義」も国是とはし難い。何故なら、「琉球主義」はどうせ小国なのだからと、その時々の隣国の大国の意図に従い、独立自主の精神もなく、兵備を排除して、ひたすら富の蓄積に汲々とする主義である。「琉球主義」をこのように悪しざまに見る西周の念頭には、同時進行的に行なわれていた明治一二年四月のあの「琉球処分」をめぐる尚氏一族の動向、引き続いての日清紛争があったのは言うまでもないことである。

以上の二つの主義を取るべきでないとすると、西周の考えるわが国の国是は見えてくる。すなわち、民生を安んじ、かつ兵備の強化も計るという道である。明治一〇年代初頭の段階では、陸軍省も参謀

局第三課長の西周も、清国の兵力を侮り難いと見ていたにもかかわらず、やみくもの対外拡張路線（西周の言ういわゆる「ロシア主義」）は、まだ姿を見せていない。民生を安んずることと兵備の強化とは必ずしも一致しない。そのことは再度言うが、西周もよく知っていた。したがって、この「兵賦論」の後半部分で、常備軍を土木建設事業に使えなどという提案まで行っていたことは、既に述べておいた。では、開化の時代であるはずの近代に至って、何故これほどまでの大戦争が多発しているのか、その原因について、西周は次のような議論を展開してゆく。

「しかるに世の開化進むにしたがい、かならず多欲より戦争を起こすというにあらざれども、形勢に迫られやむをえず戦争におよばざるをえず。いわんやその欲心いまだまったく消滅せずというべからざるのみならず、かえってその方向を転じていよいよ熾盛《しせい》なるにいたりたるをや。」

（『兵賦論』その九）

要するに、西周は、戦争は人間の「欲心」によって起るものであり、「欲心」の求めるものが土地そのものであったり、土地からあがる富（黄金やコショウ）であったりと変化してきているだけのことだ、というのである。彼は、この「欲心」を国際関係にばかりでなく、対人間関係にまで推し広げて考えようとする。

「もし貴賤の争いもなく、貧富の争いもなく、知愚の争いもなく、世界ありと想像せば、それこそ真に寂滅《じゃくめつ》世界にして、吾人いまだ墓石のこなたにある間は貴賤・貧富・知愚・苦楽・窮達・損得・栄辱等の戦争中にあらざるなし。」（その十三）

と、

つまり、戦争あるいは闘争本能は、日常生活のすべての分野にあるものであって、これは良い（性善説）、悪い（性悪説）といった性質を超えたものだ（その十四）、というのである。以上を結論づける

「禍乱とは言いながら、（これは）世界を進動発達せしむるの道具にして、ひっきょう乱は治の本、干戈は太平の基礎たれば、吾人の兵革に従事するは即ち人間の定業娑婆《しゃば》の常態なれば、兵備というもの一日もおろそかに為すべからずして、人々これに服事するは、娑婆に生れたる義務としてみざるべからず。」（その十四）

戦争は人間の「欲心」から起こり、「欲心」は世界を進化発展させるための原動力ともなっている。だから兵備はこの娑婆（この世）に生れた者の定業であり、義務でもあるという。これが兵備、戦争についての西周の歴史哲学である。このような歴史哲学に基づいて、彼は、先ほども述べておいたような具体的提案を、この論の後半部分で展開することになる。

さて、以上のように見てくると、西周のこの『兵賦論』は、単純に民生よりも兵備の強化を訴え、一般兵卒の知的水準の向上よりも武器の向上の必要性を説いたりして、やみくもの軍備増長、強兵主義を煽っているわけではないことに注目しておくべきだろう。「兵賦論」ならびに「軍人訓戒草稿」などを起草したこの時代の西周の思考性には、まだまだ明治初頭の啓蒙性が残っていたと考えるべきである。ただ、この「兵賦論」で述べられている彼の戦争の原因に関する歴史哲学については、若干、コメントを付け加えて置かなければならないだろう。

戦争と政治

戦争は人間の「欲心」に基づくものであり、娑婆の常態であり、日常生活のどこにでもあるものだという考え方は、古くからある考え方であり、かつ、今日といえどもその妥当性を失っていない考え方であろう。しかし、生きるための日常の各種闘争と国家主権の発動である戦争とは別種のものだとする思想は、日本陸軍が学んだドイツ陸軍参謀本部では既に常識化していたが、日本では未だしの状態であったようである。

考えてもみよう。ある国にどんな対立抗争事件が起こっても、その事件をその国の警察力が抑え、裁判所で決着をつけることができたなら、それは戦争ではない。また国境附近で不審な集団の不審な動きがあったとしても、警察力（現在の日本でなら海上安保庁）でその不審な動きを抑えることができれば、それも戦争ではない。しかし、警察力ではもはやその不審集団の動きを抑え切れないとして軍事力を出動させても、それは警戒出動ではあっても戦争ではない。警戒出動のつもりで出動した軍隊が、威嚇射撃をしたとする。だがそれでもその両紛争当事国が外交交渉による紛争解決の余地をまだ

残していれば、それもまた戦争ではない。商取引（いわゆる「協商」関係）の手段も外交交渉の手段もことごとく尽くされてしまい、当事国の意図が軍事力をもってする以外には、最早、相手国側に伝えられなくなってしまった時以降を、「戦争」状態と呼ぶはずである。国際法規を持ち出すまでもなく、「欲心」に基づく日常紛争と「戦争」とは違うという感覚を、現代人は持っているように思われる。

西周的歴史哲学は、まだ両者を混同させている。これは、明治一〇年代までの多くの対外紛争（明治七年台湾生蕃事件、明治八年江華島事件、明治一五年朝鮮壬午事変など）が、なお外交交渉の余地を残していながらの軍事介入であったため、陸軍省首脳にとっても西周らの知識人にとっても、対外紛争と「戦争」の区別をなかなかつけ難かったのであろう。明治一〇年代、つまり一八七〇年代後半から八〇年代にかけてのドイツ帝国では、参謀本部総長の職にあのグラーフ・フォン・モルトケ（いわゆる大モルトケ）がおり、彼は近代兵学の父クラウゼヴィッツの良き後継者であり、「戦争とは、他の手段をもってする政治の継続にほかならない」（クラウゼヴィッツ『戦争論』第一部第一章）ということを良く心得ていた。しかし、単なる国際紛争と「戦争」とは、はっきり違うのだという考え方が日本に導入されるのは、ドイツ参謀本部のクレメンス・ヤコブ・メッケル少佐が招聘されて日本の陸軍大学にやって来て以来のことである。あの時、フランス式軍制からドイツ式軍制への転換を考えていた日本陸軍首脳は、伊藤博文らの憲法調査のため独墺からの帰国（明治一六年八月）の半年後、すなわち明治一七年二月、ドイツ軍事事情視察のため、陸軍卿の大山巌を団長とする使節団をドイツに派遣することになる。

この使節団の中に参謀総長モルトケとも面識のあった桂太郎が入っていた。桂はドイツ陸軍方式の理論と実践を日本の将校教育に生かしてくれる人材を求めていた。桂の欲かった人材は、もともとはコルマール・フォン・デァ・ゴルツ（一八四三—一九一六年）であったらしい。彼はベルリン陸軍大学の教官をしており、かつ戦史の研究者としても令名が高かったからである。しかし、彼は既にトルコ陸軍への派遣が決定しており、桂としては諦めざるをえなかった。次策として桂が交渉したのがメッケルであった。後ほど少しく詳しく述べるように、渋るメッケルではあったが、ようやく来日を承諾させた。メッケル来日の当初は、西周もまた通訳の点で大いに貢献している。

ただし、「戦争とは他の手段による政治の継続」だとする近代戦争の理解、あるいはクラウゼヴィッツの観測した近代戦争の「戦略」「戦術」を文献として紹介したのは、メッケルの来日とすれ違いに渡独し、ドイツ医学とともにクラウゼヴィッツを文献として持ち帰った西周の甥、森鷗外であった。その完訳、第一・二編がドイツ語から森鷗外訳によって、以下がフランス語から陸軍士官学校訳によって出版されたのは、日露戦争直前の明治三六年一一月のことであった。

第五章　最晩年

1　「交詢社《こうじゅんしゃ》」と私擬憲法論争

福沢諭吉に誘われて

鷗外の記す『西周伝』の明治一三年五月頃の項に、次のような記事が見えている。「五月、周、居を京橋区三十間堀に移す。当時、周、人に謂って曰く。我生涯の要務は既に終れり」、と。「わが生涯の要務は既に終わった」とは、誰に向って語った言葉なのであろうか。明治一三年五月頃といえば、鷗外は東京大学医学部の学生であり、卒業を来年にひかえていた。多分、この言葉は、十分分別のつく年頃になっていた林太郎（鷗外）に直接もらしたものではあるまいか。西周にとっての明治一三年は、あの「軍人訓戒」（明治一一年一〇月）の「草稿」を書きあげ、あわせて「軍人勅諭草稿」（明治一三年）をも書きあげていた。これらが次々と現実のものになっていったのは、既に述べておいた通りである。次に「兵家徳行」の講演が終り、「兵賦論」の

三年間連続講演を始めたのが明治一一年九月であった。

この後から、西周の活躍の軸足が変化してくる。西周本人が言うように明治一三年頃からの変化である。陸軍省や参謀本部から文部省、学会、政界へと活躍の場が変ってくる。もちろん、その後も山縣有朋や桂太郎との接触は続いているが、それは公的なものというより私的なものに変わってきている。では、この軸足の変化によって、西周の活躍の内容自体はどう変ったのであろうか。まず、学会や政界での活動や発言は、陸軍省や参謀本部でのそれらのように直接影響が出るわけではない。したがって、政治的配慮によって社会活動をひかえた場合（福沢諭吉との関係でそのような事態があった）でも、彼は比較的自由に従来からの持論を展開している。福沢や交詢社（後述）の人々と違って、西周は自由人ではなく、官僚である。その活動にはおのずから一定の制限があっても、その発言にはリベラルな態度が貫かれている。では、まず彼の活動が重大な政治的事件に発展しそうになった事件から。

福沢諭吉は明治一二年九月、慶応義塾出身者を中心にして社交クラブ「交詢社《こうじゅんしゃ》」の創立と会則を決め、翌明治一三年一月二五日、芝愛宕山下の青松寺で発会式をあげることになった。当日、会頭副会頭の選出を行い、あわせて常任議員の選出をも行った。会頭には熊本細川分家の長岡護美《もりよし》、副会頭には旧佐賀藩主の鍋島直大《なおひろ》が選出された。常任議員二十四名の大部分は福沢門下生であったが、西周を含む数名は門下生以外の当時の有名人ということであった。福沢諭吉と西周とは旧幕以来の友人関係にあり、明治に入ってからは特にあの「明六社」でしばしば顔を合わせ、その後、明治一二年に設立された学士会院では初代会長が福沢諭吉、二代会長が西周という関係であった。西周が「交詢社」

の常任議員に選ばれたのは、福沢の友人ということと共に、西が当時学士会院会長であり、有名人の一人ということであったからであろう。

この発会式でまず福沢が挨拶し、従来の藩単位の人間関係に代えるに、全国型の人間関係を構築し、全国人民のために知識をここに集積し、ここから発信してゆく中心地にしたいと述べた。次いで西周が発言した。「交詢」とは何という良い言葉であろうか。「私のような者でも、一朝にして、千七百余人（この時の会員数）の友人を得ることができた」と慶賀の言葉を送った。かつて『明六雑誌』で、福沢が、「明六社」の面々は啓蒙家を気取っているが、所詮は官僚じゃないかと皮肉を飛ばした時、西だけがたじろいで真面目に答えていた。あれ以来、「明六社」の会合でも、学士会院の会合でも二人はしばしば同席し、親しく語りあっている。二人は共にイギリス功利主義哲学を基盤にしているという思想的類似性で親しくなっていたというより、人格的信頼性で親しくなっていたのではあるまいか。

当初この「交詢社」は、福沢の言うように社交クラブとしてスタートしたはずであった。しかし、この「社」のもう一つの目的である知識の集積、発信となると話は別の方向にそれて（？）ゆく。「交詢社」も各地に支社を設け、会員を増やしていくようになると、東京の本社から有名人を地方支社に派遣し、演説会を開催していくようになる。時あたかも民権運動が盛んな時期であった。政府筋も初め「交詢社」を福沢を中心とした社交クラブと見なしていたが、各地の支社で演説会、しかも福沢的思想の持ち主による演説会が盛んになるや、福沢による政党設立準備運動と見なすようになってきた。もちろん、当時の民権運動のラジカル派は土佐立志社系の人々であり、「交詢社」には参加し

ていない。福沢的民権思想は、むしろ官民協調路線であり、穏健なものであった。しかも、この「社」の会頭副会頭を見ても分かる通り、九州の有力者が名を連ね、政府筋では参議の大隈重信にも繋がりを持っていると睨《にら》んでいた。折悪しく明治一四年四月、『交詢雑誌』四五号は、「私擬憲法案」まで掲載した。この一年後には西周自身も「私擬憲法草案」を起草するのであるから、これ自体はそんなに驚くほどのことはなかったのであるが、政府筋が大隈系にも繋がりを持つかと疑っていた矢先であるから、「交詢社」の地方支社の段階では混乱が広がったであろう。

憲法論争の中の西周の立場

事態がここまで進んでくると、政府筋の猜疑心は敵意に変わる。現金なもので、この空気を察してか、「交詢社」内の官僚会員は、一勢に退社していったと伝えられている。しかし、民権運動、国会開設要求運動は逆にますます勢いを増してくる。このような世論の火の手に油を注ぐような事件が、『交詢雑誌』のゴタゴタのすぐ後に起る。明治一四年夏の例の、北海道開拓使長官黒田清隆の北海道官有物払下げ事件である。官有物を実状価格の約一〇分の一ほどの価格で、しかも無利子三〇年年賦で、黒田と同じ薩摩藩出身の五代友厚に払下げるというものであった。世間は黒田の図太さにまずは唖然とした。もちろん、民権派、ジャーナリズムは一勢に非難の声をあげた。この非難の声の大きさに政府としても一大決心をせざるをえなくなる。明治一四年一〇月一一日、政府は御前会議において、北海道官有物払下げを中止、あわせて燃え盛る火の手に対する対策として、一〇年後、即ち明治二三年を期して、欽定憲法の布告と国会開設を、詔勅をもって約束せざるをえなくなったのである。

政府内の長州閥と薩摩閥とはもともとソリが合わない側面があり、政府内でもしっくりいっていたわけではない。しかし、佐賀閥の参議大隈重信が明治一六年などという早期の国会開設を主張し、その上、あろうことか福沢諭吉などという素町人《すちょうにん》がそれを後押ししているなどということは、以ての外である。ということで政府内の薩長閥の参議らは団結し、北海道官有物払下げ中止の見返りに、大隈重信を参議の座から追い落したのである。この大隈参議罷免に抗議して、矢野文雄、小野梓、犬養毅ら多くの人員が官僚を辞任している。これらの人々のかなりの部分が福沢派であったのは言うまでもない。この大隈参議や福沢派の政府、官界からの追放が、いわゆる「明治一四年の政変」と呼ばれるものである。この「政変」は明治初期の時代の大きな転換点であった。これだけのスキャンダルの発端を作った黒田清隆自身が、この事件によって失脚しなかったということは、改めて薩長閥の強固さを思わせる。

周知の通り、一〇年後の憲法発布と国会開設の詔勅の後、即ち明治一五年三月、伊藤博文一行は憲法調査のためにヨーロッパに出向くことになる。憲法調査といいつつも、彼らはフランス憲法などは初めっから論外と考えていた。周知の通り、イギリスは慣習に基づく法支配であり、憲法はない。結局、狙いは初めっから日本の国情と似ていたドイツ帝国憲法であった。ところが、ドイツ帝国構成の各邦もまた、帝国に編入される以前、それぞれ憲法を持っていた。しかし、各邦はナポレオン戦争による被占領やその後の一九世紀中期の三月革命を経ることによって、議会の権限を強化した憲法を持っていた。したがって伊藤らの眼にはドイツ各邦の憲法も論外である。残るはプロイセン憲法以外に

はない（初めっからそのつもりであった）。結局、伊藤らは当時ウィーンに在住していたドイツ、オーストリアの国法学の老泰斗ローレンツ・フォン・シュタインの許に長期逗留し、プロイセン憲法を学んで帰ってくる。シュタインこそは、当時の西欧社会主義運動にも詳しく、とどのつまりは今日の「社会国家論」（英米系では「社会福祉国家論」という）につながる発想の持ち主であった。だが、伊藤博文一行も伊藤に続いて「シュタイン詣で」をした多くの日本の学者、政治家たちも、シュタインのこの側面を日本に導入しようとはしなかった。伊藤の帰国とともに、日本国内ではイギリス派、フランス派、ドイツ派がそれぞれ動き出し、それぞれが私擬憲法草案を競い合うことになる。

西周も、山縣有朋に要請されて、明治一五年一二月、「私擬憲法草稿」を起草し、山縣に提出したことは前にも述べておいた。西周の「草稿」は当時のオランダ憲法をモデルにしたものである。オランダは西周のかつての留学先であり、かつてのナポレオン戦争時代はフランス帝国に合併され、一九世紀半ばの市民革命時代以後、まがりなりにも議会の機能をプロイセンよりは認める憲法を持っていた。西周は自分の「草稿」を徹底的なプロイセン派の井上毅に提出している。井上はこれを受け取り、そっけない事務的コメントを付け加えただけで山縣に廻している。もちろん、この「草稿」が政府高官の間で議題になることはなかった。政府高官としてはプロイセン憲法を採用するのは自明の理だが、一応、その他各国、各邦の憲法も参考資料として目を通しておいたということであろう。井上毅に終始プロイセン憲法の有意義性を具申していたのは、明治一一年に来日した法律顧問ヘルマン・レスラー（一八三四—九四年）であったらしいが、この問題を論ずれば論が別方向にそれてしまうので、人名

の指摘だけにとどめておくことにする（獨協法学、第七八号、堅田剛、『ヘルマン・ロエスラーと明治憲法』）。

伊藤博文一行がヨーロッパに出向いた直後から、これまでの士族中心の民権運動は、明治一五年一一月の「福島事件」を皮切りに、各地の民衆による民権運動にまで広がりを見せてくる。ただし、やや遅れて、朝鮮半島での日本の権益侵害（明治一七年一二月、甲申事変）に対する日本側の反発も高まり、民衆の自由民権運動も奇妙に国権運動とよじれていく。しかし、最晩年の西周の関心は、身体《からだ》がやや不自由になってきたためか、これらアクチュアルな問題からはかなり離れてしまっており、関心はむしろ、教育、文教政策に移っていったように思われる。

2 学士会院・獨逸学協会

標準語としての日本語をどうするのか

明治一三年半ば以降、西周の活躍の軸足は文部省、学会、政界へと移ったと述べておいた。彼が政界にいささかの関わりをもったのは、福沢のあの「交詢社」と関わりを持ち、かつ「私擬憲法草稿」を山縣の依頼で書きあげたぐらいまでであった。「交詢社」が政府筋から敵視された後、多くの官僚社員が「交詢社」との関わりを断ったが、西周は、その後も「明六社」の会合で度々福沢と会っている。「明六社」は、あの雑誌こそ廃刊にしてしまったが、その後も年に二回ほどの定期的会合を持っている。この定期的会合で両者が会い話しこんでいる

ことは、西周の『日記』にも見えている。もちろん、両者の話は「明六社」や「交詢社」のことばかりではなかったろう。前にも述べたように、明治一二年に設立された学士会院での初代会長は福沢諭吉であり、二代目会長が西周であったので、この学士会院の議題や運営も話題になっていたはずである。

日本アカデミズムの象徴である学士会院が設立されて、その当初から大きな問題が立ちはだかっていた。学士会院は文部省の諮問機関であるのか、独立の機関であるべきかという問題がそれである。本来なら独立の機関であるべきなのだが、そのためには独自の十分な予算を必要とする。事実がそうでない以上、会長の西周としても、あまりこの問題には乗り気でなかったようである。会長欠席の会議で、諮問機関でいいじゃないかという結論に落ち着いたようである。この一連の問題処理においても、やはり福沢諭吉は独自の予算案として「積立金案」を提出したが、否決されてしまった。そこで、福沢は学士会院から脱会してしまう。その後、福沢の活躍は前掲の「交詢社」設立に向かうことになる。

会長となっての西周の仕事で最大のものは、何といっても「日本文典」の編集をどう進めるかという問題であったろう。何故このような問題が取りあげられたかの事情は、次の通りである。

普通、近代国家の成立は文化的統一をも伴うものである。文化的統一の基礎は言語の統一、つまり標準語の成立である。西欧各国の標準語は、それぞれ、一応、単語をどう並べるか（構文論《シンタックス》）、単語によって、また並べ方によって意味がどう変わり、また定まるか（意味論《セマンティックス》）、また単語を並べた文章をどのように用いたら適切か、適切でないか（語用論《プラグマティックス》）といった文法体系ができている。しかし、近

代に入って精々一〇年の日本の場合、標準日本語はまだ確立されていなかった。公文書はおおむね「漢文読み下し文」であり、しかも統一されたものではない。私信は「候文《そうろうぶん》」であり、歌舞伎、講談、落語のたぐいは「江戸弁口語体」である。そこで、どうしても統一された日本語文典が必要とされるようになったというわけである。本来、このような仕事は文部省の役割である。だが、この問題は軍制改革のように、一片の法令や命令によって成されるものではない。文部省への資料提供の意味もあって、学士会院がまず討議に乗り出すべきだとする意見が現われた。

明治一二年九月一五日の学士会院の例会で、会員の神道家福羽《ふくば》美静《よししず》（教部大輔）が、「日本文法書ヲ作ラントスルノ議」を提案した。この提案の趣旨は、従来、宮内省文学局、文部省などに辞典らしいものはないわけではないが、一般の用に適したものではない。したがって文部省を動かして、一般的文法書を作らせるのは教育上重要なことだ、というのである。例会は福羽の提案には原則上賛成であるが、具体的にどうすればいいのかという点で紛糾し、結論がえられなかったらしい。そこで、会長の西周は、彼独自の提案を二ヶ月後の例会に持ち出す。明治一二年一一月一五日に提案された「日本文学会社創始ノ方法」が、それである。

この提案で、西は特にフランスの事例を紹介する。フランスでは、アンスティチュー（学士院）とアカデミー（専門諸学施設）とは会員がダブりながら並列していること。なかんずく、アカデミー・フランセーズは一七世紀リシュリューの創設以来、営々としてフランス語文典の修正作業を続けて今日に至っていることが述べられる。したがって、会長西の提案は、このアカデミー・フランセーズに

ならって、日本でも「日本文学会社」というものを設立しようというのである。それも、時の文部省の教育行政方針などに左右されることのない組織をというのである。そのために、学士会院から三人ないし数人、選ばれた和漢洋の語学者八人、書記六人、書籍、事務用品等合せて年七千円の予算でスタートすべきだとまで具体的提案を行っている。このような組織でもって、全国的な言葉の事例研究を行い、逐次、機関誌で成果発表を行なわせるというのである。

「フィロロジー」を巡る論争

この後、明治一二年末から明治一三年三月にかけて、新しい文典のための組織作りに関して、学士会院では加藤弘之と西周との間で、ちょっとした論戦が行なわれている。それは、加藤が日本文典の編纂を行うなら、その学問の基礎である「フィロロジー」（博言学と訳を付けていた）の研究の必要がある。「フィロロジー」の研究のため俊秀者をヨーロッパに派遣し、その帰国を待ってから組織作りをすべきではないか、という提案をしたからである。この提案に西が反対した。

反対の理由は、まず「フィロロジー」などは厳密な意味での学問ではない。せいぜい、比較言語学といったところであり、西洋語ならギリシア、ローマの古典語からの派生形態を追究するのが関の山である。ごく最近では、この古典語にサンスクリット語が付け加わっているということであろうか。したがって、日本語文典の研究にはあまり役に立たない。もし、強いて「フィロロジー」の研究のための人材派遣というのなら、モンゴル、満州、朝鮮、アイヌの諸語の研究のために、アジア諸国に人を派遣すべきではないか。幸い、近年、朝鮮半島の諸港も開港されてきている。こちらの方面への人

材派遣の方が、学術上だけでなく、様々な意味での「コレスポンデンス」を開く上でも重要なはずだ、というのである。

「フィロロジー」は学問ではないというのは、言い過ぎだとは思うが、日本語文典の編纂のためには、西洋語よりアジア諸語の研究の方が重要だと言う西周の主張は、もっともだと思う。しかし、事は予算処置を伴う新組織「文学社」設立とそのための人材派遣問題である。会員相互の意見は、やや西会長案有利に傾いたそうであるが、結局、採決には至らず、棚上げになってしまったそうである。こうした学士会院での諸論争の中間期に、前掲の「交詢社」問題が挿入される。福沢諭吉としては、文部省の諮問機関の会長なんかに誰がなってやれるかという思いであったのであろう。福沢は、学士会院辞任の後、自立自尊の精神でか、「交詢社」設立に力を注いでいく。他方、西周の方はその後も学士会院との関係をダラダラと続けている。日本語文典編纂については数年前のあの『明六雑誌』以来、西周の主要関心の一つであったからであろう。しかし、諮問機関に甘んじた学士会院に積極的に文部省を動かしていく力などあろうはずはなかった。「私の要務は終わったな」と西周が他人に洩らしたというボヤキも何となくわからないわけではない。ただし、西周にはこの後、もうひと仕事が残されていた。

獨協学協会学校校長として

この時期、西周にとって、学士会院で自説が通らなかったことよりも、「一四年の政変」につながる「交詢社」との関わりの方が大きな問題であったろう。次いで詔勅によって一〇年後の国会と憲法が約束されると、それに向けて国内の多くの勢力が動き出す。

しかしこの頃、かしましい世上とは裏腹に、西周は、本来彼自身が願っていた（かも知れない）仕事を引き受ける。東京師範学校の校長の職（明治一四年六月）である。校長になるとすぐ、西周は同校に道徳学《モラル・フィロソフィー》の一科を設けさせたという。彼の同時期の『日記』によると、同校にはかなり定期的に出校している。かなりこの勤務は気に入っていたものと思われる。同校には、脳疾患（中風？）を患う明治一八年八月までの四年間、勤務することになる。

ところで、西周は、東京師範学校の校長に就任した同じ明治一四年に「獨逸《ドイツ》学協会」の設立にも参画している。この「協会」はドイツ文化の移入摂取を目的にして設立されたことになっているが、主目的は他にあった。その主目的を考えてみる前に、まず、この「協会」の設立メンバーを見てみよう。

総裁には北白川宮能久《よしひさ》親王が据えられている。この人物は、かつて輪王寺宮を名乗り、奥羽越列藩同盟の盟主に担ぎあげられた親王であった。列藩同盟瓦解の後、有栖川宮家に幽閉され、許されてドイツ留学を果して、帰国していた。この総裁の下に、品川弥二郎、井上毅、桂太郎、青木周蔵といった政府高官、それに加藤弘之、西周といった旧開成所系の学者グループが名を連ねていた。なかんずく、井上毅（太政官大書記、後、参事院議官）は、かつてはフランス学からスタートしたはずなのにベルリンに留学（明治五年）して以来、プロイセン憲法のエキスパートになり、やがて大隈重信や福沢諭吉嫌いで有名となり、あの「一四年政変」で闇躍した人物と言われている。このような経歴の井上は先にも述べたようにドイツ人法律顧問レスラーの入れ知恵もあって、英・仏派嫌いのドイツ派として有名になり、「一四年政変」後、三大臣に宛ててドイツ学の『奨励』を薦めてもいた。やがて井上

は、岩倉具視や伊藤博文らの憲法制定準備グループを太政官大書記（今日でなら首相秘書官室長か?）としてバック・アップすることになる。また彼はこの「獨逸学協会」を通して広く内外のドイツ系学者を集め、学会、教育界活動からもプロイセン憲法モデルの憲法制定をバック・アップさせようとしたのである。また桂太郎は言わずと知れた陸軍省にあって山縣有朋に次ぐ実力者であり、陸軍軍制のドイツ軍制への切り換えに熱心であった人物である。

こう見てくると、思想的には福沢諭吉に近く、別にドイツ系というわけでもない西周が名前を連ねていたのは、やはり彼が学士会院会長という要職にあったからであろう。彼の『日記』で見る限り、この「協会」の活動に彼はあまり熱心ではない。しかし、この「協会」が明治一六年に「獨逸学協会学校」（現・獨協大学）を設立するや、彼は推されて初代校長になる。これも彼の人柄と声望がしからしめたのであろう。しかし、この「協会学校」の経理や実務は品川弥二郎が握っていたらしい。それはともあれ、この「獨逸学協会学校」の専修科は、よく当時のドイツ学系人材を集めていた。やがてこれらの人材は、明治一八年以降、東京大

獨逸学協会学校

学法学部に吸収されていく。それとともに、東京大学法学部は穂積陳重・八束の兄弟によって、英米法を抑え、ドイツ法中心の学部となっていく。ちなみに言うなら、同時期、あのボアソナードが手がけたフランス法中心の司法省法学校も、傍系として、東京大学法学部に吸収合併される。

他方、明治初頭までの陸軍は旧幕以来の仕来りでフランス式であった。しかし、普仏戦争（明治三〜四年）におけるプロイセン・ドイツの圧倒的勝利以降、軍内部でドイツ軍制への改革熱が高まり、多くの陸軍軍人がドイツへの留学を果してきていた。そこで、山縣、桂らの陸軍省幹部たちは、早くからドイツ政府に日本での兵学教育のための教官派遣を要請していた。しかし、当時、極東の名もない島国でしかなかった日本への渡航などは、法学関係者同様ためらわれるものであったらしい。そこで前章でも述べておいたように、トルコ軍への派遣が決まっていたゴルツに断られ、桂太郎の熱心な依頼に、ドイツ軍参謀総長モルトケも重い腰を上げ、なおもしぶる参謀少佐メッケルを説得して、日本への派遣を実現させてくれたのであった。メッケル少佐は、何と「日本でもモーゼル・ワインが飲めるのなら」という条件で引き受けたという。しかし、ともに日本への招聘を受けたゴルツとメッケルとを比べた場合、両者のその後の明暗の差ははっきりしていた。ゴルツはトルコから帰国後、ドイツ陸軍元帥、ドイツ陸軍重鎮として活躍。第一次大戦では再びトルコ軍を指揮して戦っている。これに対してメッケルは、帰国後、少将まで昇進したが、何ほどの業績も残すことなく、早世している。

メッケルの原稿翻訳

それはともあれ、明治一八年一〇月、クレメンス・ヴィルヘルム・ヤコブ・メッケル（一八四二―

一九〇六年）は来日し、陸軍大学の教官に就任する。彼は単に陸軍大学校の教官というのみならず、日本陸軍の首脳陣からの様々な諮問にも答えて、日本陸軍のドイツ式軍制への転換に大いに貢献した。そしてまた、彼の教育は学生との間に若干のトラブルを生むも、きわめて厳格であり、日清、日露戦争当時の日本陸軍指導部のあらかたを育てあげたと言われている。

では、山縣や桂と関わりを持ち、「軍人勅諭」に至るまでの多くの「訓令草稿」を書いてきた西周は、この間、どうしていたのであろう。明治一八年一〇月頃の彼の『日記』には、度々メッケルの名前が出てくる。元老院での会議をすませた後、自宅に戻り、「今日、メッケル氏翻訳に従事す」という記事が度重ねて続く。メッケルより数年前の明治一一年に来日したアメリカ人フェノロサの東京大学での哲学、美学の講義は、英語で行われたのだが、その通訳は何と学生の岡倉覚三（後、天心と号す）が無償で務めていたという。英語はまだしもドイツ語となると、当時の学生の水準では、これを聞き取りかつ議論するとなるとかなり数が限定されてしまったのではなかろうか。そこで、メッケルの講義原稿を学士会院会長、元老院議員までになっていた西周が、えっちらおっちら翻訳し、担当事務官に手渡していたのであろう。元老院議員などと名前はいかにも大袈裟な官名でも、すべて手作り、模索の時代（実はこれが教育の原点なのだが）であったことを思わせる。恐らく、メッケルのドイツ語講義の一節が終わるごとに、西周の翻訳が読みあげられたのであろう。メッケルの講義中には、学生との間にかなり激しいやり取りも交わされたそうであるが、何語で行なわれたのであろうか。残念ながら、西周の翻訳、西周が病いで倒れた後の人の翻訳等、メッケルの講義録は今日残されていない。

岡倉覚三の通訳になるフェノロサの講義録もまた残されていない。

病に伏す

実は、西周がメッケルの講義録を翻訳していた四ヶ月前に、彼は軽い中風（？）の病状に見舞われており、更に翻訳を続けていた一週間後には、一時、人事不省に陥るほどの病状悪化となり、多くの人が彼の枕辺につめかけるまでの事態になった。そのため、メッケルの講義録の翻訳続行は不可能となった。メッケルの講義は三年間続く。西周の後、誰が翻訳を担当したのであろうか。メッケルは多くの日本人の弟子たちを残し、ドイツに帰国する。前にも述べたように、後、彼は参謀少将にまで昇り、ベルリンで急逝する。日露戦争後の明治三九年七月五日、享年六四歳であった。しかし、正直のところドイツに帰国してのドイツ参謀本部での活躍では、彼は必ずしも志を得られなかったようである。

他方、一時人事不省に陥り、山縣有朋の指示で桂太郎まで枕辺にはせ参ずる事態になりながら、西周は、この時、奇跡的に蘇生する。とは言え、中風であるから、身体の動きは実に緩慢なものになったであろう。これ以後、明治三〇年正月に没するまでの約一一年間が、彼の最晩年の足跡となる。

3　中風の足を引きずって

中風で倒れた明治一八年一一月、彼は五七歳になっていた。今日でならまだ、五七歳というところであろうが、当時の感覚ではもう五七歳であった。先ほ

ども述べたように中風の発作で倒れたので、回復しても動作は緩慢であった。しかし、それでも多分杖をつきながらであろうけれど、彼はよく旅をしている。それも、かつて彼が最も盛んな中年期に生命を張って駆け抜けた場所をめぐる旅である。彼がそんな心境になるのには、前々から小さな切っ掛けが積み重なっていた。その切っ掛けの一つ。話は明治一一年一〇日、あの「兵家徳行」を世に問うた直後にさかのぼる。この頃、西周にとって思いもよらぬある一つの出会いがあった。

それは、広沢安任《ひろさわやすとう》という人物が自分の書いた本に「序文」を寄せてもらえまいかといってきた小さな事件というか、小さな出会いである。『開牧五年紀事』という本である。もちろん、西周は快く「序文」を書く。ところで西周が「序文」を書いた本なら、それこそ無数といっていいほどある。明治一一年の一年間でさえ、四冊もの本に「序文」を寄せている。それなのに、何故に広沢とその本だけが特筆すべきなのであろうか。鷗外の『西周伝』も、かなり詳しい経歴までつけて、この「序文」について語っている。「この月（明治一一年一二月）、広沢安任の著す所の開牧五年紀事に序す。安任は当時青森県谷地頭に在りて、牧場を開拓す。そのかつて東京に在るや、周と福沢諭吉とに得る所のもの最多し。故に今、周に請いて、この書に序せしむと云う」。この広沢安任という人物について、西周は自分の思いをこと更に鷗外に述懐したのであろう。作家的素質を充分もっていた鷗外林太郎青年としても、いたく大伯父西周の述懐が気にかかり、心に留めていたのであろう。

ただし、青森県の谷地頭という所で牧場を拓いた男というだけでは、一般的には何のことか判らないはずである。広沢安任（一八三〇—一八九一年）は、実は会津藩士であった。しかも、あの『守護職

始末紀』（守護職を引き受けた会津藩の京師での記録。家老職にあった山川浩の手になる）にもその名前が登場してくるほどの活躍をしていた人物、特に、藩主松平容保の側にあって諸藩との外交交渉に尽力した人物である。この時の筆録を彼自身が『鞅裳《おうしょう》録《ろく》』として残してもいる。鳥羽伏見の戦いで幕府軍の一翼として戦い、敗北後、会津藩も江戸に引き返す。この時、西周は和歌山港から江戸湾まで会津藩兵と同船していた。江戸に戻った

広沢安任

後、西周がしばらく和田倉門の江戸会津藩上屋敷にころがり込んでいたことも、既に述べておいた。あの過程で、西周は多分広沢に会っていたのであろう。江戸に戻ってからの広沢の運命はむしろ苛酷であった。藩主側近から退けられ一時投獄までされている。しかし、食客としての西周にとって、そのような藩内事情はあずかり知らぬことであった。元開成所教授と好学の士とが同一の屋敷内で面識がなかったとは考えにくい。

やがて戦火は東北に延び、会津藩は壮絶な戦いの末、滅亡。会津藩は表高二三万石（その実、各地の預かり領を含めて最盛期約四四万石）から、青森斗南《となみ》三万石に落とされる。もちろん、広沢も他の藩士とともに移住する。藩士の生活はまるで乞食同然であったと伝えられている。明治四年七月の廃藩置県の後、一部は斗南に残り、他は会津に帰り、あるいは東京へと出ていった。広沢は、一旦、東京に出て福沢や西の許で学び直し、再び斗南にもどる。明治四年八月から翌明治五年にかけて開塾してい

た西周のあの「育英舎」の門を叩いたのであろうか。斗南にもどった広沢は同僚の士族授産のために努力し、自からも牧場を拓いた。開牧以来五年、ようやく生活のメドが立つようになったので、苦難の五年間の記録を出版したい。ついては尊敬する西先生にも序文を書いていただけまいか、というのである。

西周にとって、この依頼人は他のどんな高名の依頼人よりも、正直なところショックだったのではあるまいか。かつて福沢諭吉には、「明六社」員の身の処し方（啓蒙家であることと政府の中級官僚であることの矛盾）で皮肉られたことがある。他の社員が馬耳東風と聞き流したのに対して、西周だけはたじろぎながら弁明していた。しかし、今度は、西周を含めた「明六社」の面々とはまったく対極の生き方をしている人物が目の前に立ち現われたのである。西周の「序文」の趣旨も、さぞかし大変なことであったろう、しかし、よくここまで努力してこられたという感嘆とも、激励ともとれる内容であった。『西周全集』の編者大久保利謙氏の調査によると、「序文」を書いた他の著者のものは、元原稿さえ失われてしまっているものが多いのに、広沢のものは、その後ハガキ一枚にいたるまで大切に保管されているという。

その広沢が明治二四年二月、流行性感冒で急死した時、西周は訃報《ふほう》に接して、広沢のよこしたハガキに次のような書き込みまでしていた。「今、往時を追悼して潸然（ひそかにしのぶ）に堪えず。周、明治二十四年八月十七日、これを誌す」と。この頃、西周は身体の自由がきかなくなり、二、三年ほど前まで楽しんでいた旅もひかえ、一切の公職を辞して隠棲《いんせい》生活に入っていた。かつて激しく戦って

破れ、後、ありあまる才能を持ちながら世に出ようとせず、最北の僻地でやっと生活ができるようになりましたと喜んで報告してきた男。西周ならずとも、絶句して慨嘆せざるをえなかったであろう。ただし、『西周伝』に広沢安任について詳しく触れた鷗外は、この明治二四年段階では大伯父西周と不和になっていた。西周の紹介で結婚した赤松則良（かつて西周とともにオランダ留学をした友人、海軍中将）の娘登志子とソリが合わず、離婚してしまった（明治二三年）ために、西周に義絶されていたからである。しかし、西周の死後、遺品を整理した鷗外は、西周の隠された嘆息に触れ、『西周伝』にやや過剰な解説をつけて紹介したものと思われる。

この広沢安任の死の二、三年前、不自由な身体でありながら、旅を楽しんでいた西周にとって、旅の目的地にもある思いが込められていた。

再び慶喜に逢いに

幕末維新の動乱以来二〇年、世の中の動きはあまりにも早く、ましてや技術的発展は目を見張るばかりであった。明治五年一〇月、ようやく「汽笛一声新橋を早やわが汽車は離れたり……」と唄われて横浜までの区間が開通したと思ったのに、一五年後の明治二〇年一二月には、上野―仙台―塩釜まで、「むかしは鬼の住家とて人のおそれし陸奥《みちのく》の」東北本線が開通した。続いて二年後の明治二二年七月には、新橋―京都―大阪―神戸までの華の東海道本線が全通する。明治二二年の憲法発布と明治二三年の議会開設に間に合わせるための急ピッチの大工事であったのだろう。

西周にとっても、夢幻《ゆめまぼろし》のような二〇年であったろう。この頃の彼はすっかり身体が衰えていた。

しかし、杖を頼りにすれば出歩けないほどではなかった。彼は開通したばかりの東北本線に揺られ、仙台、松島に遊ぶことにした。同行は一族の石川某であった。明治二二年四月二二日のことであったそうである。まず、仙台から瑞巌寺、観瀾亭、多賀城址と有名観光コースをたどってまた仙台に戻っている。県知事松平正直《まさなお》（福井出身）の接待を受ける。その後、ツツジガ岡梅林亭、織巧場、瑞鳳山伊達政宗廟等を廻って、二八日、東京に戻っている。西周のこの仙台、松島回遊には、実はもう一つの目的があったようである。それは永見裕を訪ねることであった。永見はかつて西周の私塾「育英舎」の生徒頭であった。その後、地方官として山形県、宮城県等に赴任していた。かつてあの福井藩の松平春嶽の推薦もあり、西周も心にかけていた生徒であったにもかかわらず、必ずしも中央で志を得られなかったかつての教え子に対する西周の心遣いであったろう。永見裕は仙台駅で西を出迎え、数日間の彼の回遊をサポートしている。

晩年の徳川慶喜

東京に戻った西周は、今度は、新橋―神戸間が全通したばかりの東海道本線の車中の人となっている。全通した明治二二年七月のわずか一ヶ月後の八月一〇日のことであった。まず、向かった先は静岡であった。かつての主君慶喜への挨拶のためである。何故にこの時期に（?）と思わずにはいられない。東海道本線が全通したから、つ い で に というのはその通りだろう。しかしそれ以上に、西周にはこれが最後の遠出だという思いが

あったのではあるまいか。事実もその通りになる。
静岡へ移転した後の慶喜は、世間からまったく忘れられた人物になっていた。カメラと油絵に凝《こ》った趣味三昧の生活であった。三脚を立てて農家のスケッチをするラフな服装の男の姿を見ても、それが元一五代将軍徳川慶喜だと気付く村人は少なかったろう。慶喜と西周との再会については、公式には何も残されていない。別にこと更の用件があってのことではない。

「一別以来、お久しうございます。上様《うえさま》におかれましてはご壮健のご様子、拝察つかまつりまして、安堵《あんど》いたしてございます。」
「その方、身体が不自由な様子、いとえよ。」

これ以上のやりとりがあったとは思われない。西周は慶喜の許を辞して、更に汽車の旅を続ける。その日の午後名古屋に着き、広小路の秋琴楼という所に宿を取った。一三日の朝、同じこの宿に加藤弘之が泊っていることを知って、加藤の部屋を訪ねたそうである。加藤もまた開通した東海道本線に試乗の旅に出てきたのであろう。しかし、加藤にとっては過去の人である慶喜なんかはどうでもよかったようである。一三日の夜、京都に着いて俵屋に宿を取っている。一四日、大徳寺、金閣寺、北野天満宮を参詣し、一五日には知恩院、永観堂、金戒光明寺を歴詣している。この間、多くの高名な僧と話しこんでもいる。例えば、東本願寺の大谷光瑩《こうえい》とは二日にわたって話をしている。そんなに長く、

何を語り合っていたのであろうか。これまでの京都歴訪は京都北、京都東が中心であったが、一七日は京都南である。

京都南では、特に東寺と東福寺だけにしている。そのつもりなら、智積院だとて、あるいは泉涌寺だとて訪ねることもできたろうに、京都の最後の日はこの二寺だけである。東寺はあの鳥羽伏見の戦いで薩摩藩兵の本営が置かれた寺。東福寺は長州藩兵の本営の寺であった。参詣のつもりなら、二つの寺を廻ってもせいぜい午前中いっぱいで終わってしまうだろう。しかし、西周は誰れと会うという予定もなく、終日、この二つの寺に佇んでいたそうである。彼の運命を大きく変えた恨みの寺というわけであろうか。ただし、その後長州閥の引き立てによって、日当りのする場所に出られたことを思えば、西周としては複雑な思いで声も出なかったであろう。だからこそ、この一年後、あの元会津藩士広沢安任の訃報に接し、秘かに持っていた彼のハガキに嗚咽《おえつ》に近い思いを綴っていたのも分からないわけではない。

一八日から二三日までは、奈良の有名寺社参詣であり、多くの人物に会っている。二三日から二七日にかけて大阪に出て、ここでも多くの旧友、知人と歓談している。大阪では紡績工場まで見学し、二八日に東京に戻っている。八月一〇日から二八日までの半月にわたる長旅は終わった。東京に戻った後、西周の身体はまた更に衰える。数ヶ月後の明治二三年五月には全身マヒが起こる。しかし、もともと壮健な身体であったものか、奇蹟的に持ち直し、一日に数キロもの散歩ができるほどに回復したという。西周はこれまで元老院議員であったのだが、明治二三年の国会開設に際して、元老院が廃

止され、代わって彼は貴族院議員に任じられている。もちろん、形式的なものであったのであろう。数ヶ月後の明治二四年二月には貴族院議員を辞退している。ところが、そんな身体になっても、明治二五年四月、あの慶喜が所用あって上京し、また静岡に帰ろうとする時、西周はわざわざ慶喜を新橋駅に見送っている。何という律儀さであろうか。だが、西周のあまりの衰えに、さぞかし慶喜も驚いたことであろう。

ところが、そんな身体になっても意識だけはしばらく明晰であったようである。関西旅行から帰った二ヶ月後の明治二二年一〇月には、『理学説』を出版しているし、明治二五年、慶喜を新橋駅に見送った後も、国府寺某と相沢某の共著『新式教授学』に「序文」を寄せたりもしている。しかし、明治二五年の夏になると、人に支えられても歩行が困難になり、大磯の別荘に移ったまま戸外に出ることもできなくなってしまったという。それから四年間、海を眺め、潮騒の音を聞きながらの静かな療養生活が続く。明治二七、八年の日清戦争も遠い海鳴りのとどろきのように聞いたことだろう。甥の森鷗外も中路兵站軍医部長として出征し、途中で、陸軍軍医監に出世している。離婚問題で一応義絶した甥ではあるが、その文筆活動とともに軍医としての活躍についても、西周は聞き知っていたであろう。遂に、明治三〇年一月下旬、病は重くなり、危篤状態に陥る。一月二七日、勲一等に叙されたこと、一月二九日には男爵を授けられたこと、一月三一日、勅使が来訪してその旨を伝えてくれたことを、養子紳六郎（かつてオランダへ共に渡航した林研海の弟、後、海軍中将）が、昏睡状態にある西周の耳元に大声で告げたという。西周もかすかに頷いたらしい。

以上の記述は森鷗外の『西周伝』によるものだが、どうも、やはり鷗外は西周の臨終の席には呼ばれていなかったらしい。鷗外は明治三〇年三月に至って西紳六郎の依頼によって西周の遺稿を整理し、その年の一〇月に草稿をまとめ上げたらしい。西周一回忌の明治三一年になると、鷗外の『日記』には『西周伝』の訂正、校正でおおわらわになっている記事が出てくる。出版は明治三一年一一月、発行者は西紳六郎、編著者は森林太郎（鷗外）となっている。版権は西家所有とのことである。

彼は何に頷いたのか

しかし、最後に私はふと思う。昏睡状態で紳六郎に耳元で話しかけられ、西周はかすかに頷いたという。一体、彼は何に頷いたのであろうか。今、冥界との境をさまよっている者にとって、この世の毀誉褒貶《きよほうへん》など何ほどのものでもあるまい。彼が頷いたのは、あの大坂城で目付として、開明派だと信じた将軍慶喜を支え、幕府軍を叱咤激励《しったげきれい》している自分の姿であろうか。あるいは「明六社」の華やかな会合の中で、フランス料理を囲み歓談しながらも、盟友福沢諭吉に皮肉られて、たじろぐ自分の姿であろうか。それとも西南戦争や竹橋騒動に心を傷め、新生日本軍はかくあるべしと、切々とさまざまな「草稿」を綴っている自分の姿であろうか。筆者には、西周はこの三つの自分の姿にともに頷いたと思えて仕方がない。幕末動乱期を生き抜き、なおも明治という新生時代を生きた知識人に、違った生《せい》を生《い》きた自分を見詰め、なおかつそこに自己同一性を求めようとした人間は非常に少なかった。

例えば、似たような生き方をした加藤弘之に、そのような姿勢はまったく認められない。筆者にとって、どんなに立派な論文を書いた人物でも、加藤のような人物は尊敬に価しない。それに対して、西

周はこれまで見てきたように、時代の転換点の随処随処でたじろぎ、口ごもっている。以上のような意味で、「フロソフィー」を最初に「哲学」と訳した人物だからという意味ではなく、その時々の「たじろぐ姿勢」に、自己同一性を求めようとする彼の姿勢を認め、この点で西周を近代日本最初の「哲学者」と呼ぶのに、私としてはまったく異存はない。

参考文献一覧

西周関係

大久保利謙編『西周全集』全四巻、宗高書房、一九六二年―一九八一年。

麻生義輝『西周哲学著作集』岩波書店、一九三三年。

森林太郎編『西周伝』1、『鷗外全集』第十一巻、岩波書店、一九五四年。

植手通有編集『西周・加藤弘之』1、『日本の名著』三四、中央公論社、一九七一年。

川島保良『西周夫人升子の日記』青蛙房、二〇〇一年。

小金井喜美子『鷗外の思い出』岩波文庫、一九九九年。

小金井喜美子『森鷗外の系族』岩波文庫、二〇〇一年。

戊辰戦争関係

山川浩／遠山茂樹校注『京都守護職始末』全二巻、平凡社、一九六六年。

山川健次郎監修『会津戊辰戦史』東京大学出版会、一九七八年。

鈴木棠三／小池章太郎編『近世庶民生活史料藤岡屋日記』全十五巻、三一書房、一九八七年。

石井孝『戊辰戦争論』吉川弘文館、一九八四年。

『明六雑誌』関係

新田大作編所収/小泉仰『中国思想研究論集』――「欧米思想との出会いを通した西周の思想形成」雄山閣、一九八六年。

蓮沼啓介『西周における哲学の成立』有斐閣、一九八七年。

小泉仰『西周と欧米思想との出会い』三嶺書房、一九八九年。

山室信一/中野目徹校注『明六雑誌』上中、岩波文庫、一九九九年。

神奈川大学人文学研究所編『『明六雑誌』とその周辺』御茶の水書房、二〇〇四年。

大久保利謙『明六社』講談社、二〇〇七年。

残念ながら、フェノロサのヘーゲル哲学(特に美学)紹介についての参考文献は、『岡倉天心全集』第八巻の「美学」講述のみ。平凡社、一九八一年。

福沢諭吉「学問のすすめ」『福沢諭吉著作集』第三巻所収、慶應義塾大学出版会、二〇〇二年。

兵学・軍事史関係

クラウゼヴィッツ『戦争論』上下、清水多吉訳、中公文庫、二〇〇一年。

クラウゼヴィッツ『ナポレオンのモスクワ遠征』外山卯三郎訳、原書房、一九八二年。

ミハイロフスキイ・ダニレフスキイ『モスクワ攻略戦史』上下、国防研究会訳、中央公論社、一九四三年。

メッケル『独逸基本戦術』陸軍戸山学校訳、偕行社、一八九九年。

清水多吉・石津朋之編『クラウゼヴィッツと『戦争論』』彩流社、二〇〇八年。

亘理章三郎『軍人勅諭の御下賜と其史的研究』中文館、一九三二年。

松下芳男『明治軍制史論』全二巻、有斐閣、一九五六年。

藤原彰『日本軍事史』全二巻、日本評論社、一九八七年。

西南戦争・竹橋事件関係

西南戦争についての文献は膨大である。さしづめ次のものだけをあげておく。

菖蒲和弘編『西南の役文献目録―調査研究の歩みとその成果：明治一〇年～平成二〇年三月』熊本・私家版。

喜多平四郎『征西従軍日誌―巡査の西南戦争』佐々木克監修、講談社学術文庫、二〇〇一年。

逆に「竹橋事件」についての文献は極めて少ない。

竹橋事件百周年記念出版編集委員会編『竹橋事件の兵士たち』

竹橋事件の真相を明らかにする会編『自由民権・東京史跡探訪』、同編『竹橋通信』一―三二。

あとがき

「西周《にしあまね》」に関心を持ち始めたのは、昭和五二（一九七七）年「哲学交渉史研究会」という共同研究会で、小泉仰先生と同席させていただいた時以来である。小泉先生の研究は、「西周」を徂徠学の素養によるコント、ミルの実証主義の導入、定着の先覚者とする研究では第一級であったし、現在もそうである。しかし、「西周」は本文でも述べておいた通り、『明六雑誌』で活躍しつつ、同時に陸軍参謀局の課長でもあった。この側面の評価を、かつて小泉先生にお聞きしたところ、哲学研究者らしく、同先生は答弁を差し控えられた。

実のところ、私は近代戦争についての古典的名著クラウゼヴィッツの『戦争論』（中公文庫）を完訳、出版した経験をもっている。クラウゼヴィッツの軍事思想導入の窓口の一人メッケル少佐の思想を翻訳、紹介した最初の人が西周であった（もう一人の窓口が西周の甥森鷗外）。とすれば、当然にも私の関心は再び「西周」に向わざるをえないことになる。

近代の軍事問題の様々な局面については、「日本クラウゼヴィッツ学会」の月例研究会に出席させてもらって、多くの専門家からご教示をいただいた。会長の川村康之先生を初め、会員各位に感謝申

し上げる。また、明治中期の憲法制定をめぐる諸問題については、聖学院大学総合研究所の「憲法研究会」にこれまた毎回出席させていただいて、多くのことを勉強させていただいた。当研究所の大木英夫先生や田中浩先生には、特に感謝申し上げたい。本文をお読みいただければすぐにもお分かりの通り、啓蒙家「西周」の精神は軍事問題を論ずるに当たっても消滅していなかった。しかも、彼の提起した問題（最下層の「一般兵卒に至るまでの異議申し立て権」）は、二一世紀の今日でこそ光を当てられなければならない問題である。

この本は「西周」の「哲学思想」と「軍事思想」の両者を通して論じてみたいという意図がまず先行し、他の多くの問題あるいは多くの人間関係をはしょってしまった。この本が、今後の「西周」研究の「捨て石」になってくれれば、それは私の望外の喜びである。なお、この本の元原稿は二、三の大学での講義あるいは研究会での発表の原稿である。したがって、それぞれの章の説明に多少の重複が目立つかもしれない。読者諸賢のご寛恕を乞う次第である。

最後に、この原稿を一読、取りあげて下さったミネルヴァ書房編集部の田引勝二氏、東寿浩氏に深く感謝申し上げたい。

二〇一〇年三月末日

北千束の茅屋にて

著者記す

西周略年譜

和暦	西暦	齢	関係事項	一般事項
文政一二	一八二九	1	2・3石見国鹿足郡津和野（現、島根県）森村堀内の家に生れる。津和野藩四万三千石。	9月シーボルトに追放令。
天保 八	一八三七	9	父時義家を相続。食禄百石。	2月大塩平八郎の乱。
一一	一八四〇	12	藩校養老館に入る。	
	一八四一			5月天保改革（〜四三迄）。
	一八四四			7月オランダ使節コープス、国書を幕府に呈し、開国をすすめる。
嘉永 元	一八四八	20	還俗を命ぜられ医学から儒学を修めることとなる。5・1元服して蓄髪、中扈従を命ぜられる。7・18養老館句読を命ぜられる。	
六	一八五三	25	2・1江戸御留守詰時習堂講釈を命ぜらる。7・1ペリー来航につき藩士数名を江戸に派遣。津和野出発。	6・3ペリー浦賀へ来航。7・18プチャーチン長崎へ来航。

安政元	一八五四	26	3・下旬オランダ語を学ぶため脱藩。すぐ召し捕えられ、「永の御暇」下さる。杉田成卿（玄白の孫）の塾、手塚律蔵の塾に通学。手塚と義兄弟となる。	1月ペリー再び神奈川沖に来航。3月日米和親条約を締結。下田・箱館を開港。
二	一八五五	27	10・2大地震。かろうじて難を免がれる。手塚塾の塾僕となる。	10・2安政の大地震。
三	一八五六	28	冬、英語を学ぶため、中浜（ジョン）萬次郎に学び、榎本武揚を知る。	2月幕府蕃書調所を開設。
四	一八五七	29	5・4佐倉藩士佐波銀次郎厄介名義で蕃書調所教授手伝並となる。10月一橋慶喜に蝦夷開拓の建白書。	
五	一八五八	30	夏、神奈川にて来泊中のロシア船を訪ねる。	家定死。家茂嗣ぐ。中頃より大老井伊直弼による強圧政治（安政の大獄）始まる。
六	一八五九	31	3・25石川升子と結婚。5月蕃書調所教授手伝となる。	
蔓延元	一八六〇	32	この年から翌年にかけ幕府要路に留学の希望を述べるが、容れられず。	3月大老井伊直弼、殺害される（桜田門外の変）。
文久二	一八六二	34	6・11軍艦奉行よりオランダ留学の命を受ける。6・18津田真道らとともに品川を出帆、オランダ留学の途に上る。榎本武揚らは開陽丸受取りのため同行。	1月老中安藤信正負傷（坂下門外の変）。5月蕃書調所を洋書調所と改称。一ツ橋門下へ。12月幕府の軍制改革。

三	一八六三	35	5月オランダ、ロッテルダム着。8月ライデン大学フィセリング教授から五科の教科の講義を受ける。	7月薩英戦争。8月洋書調所を開成所と改称。
元治 元	一八六四	36	シーボルトの協力者ホフマン著『大学』（ザ・グランド・スタァデイ）の検閲をする。	8月第一次長州征伐、四ヶ国艦隊下関砲撃。
慶応 元	一八六五	37	10月フィセリング教授の講義終る。10・14ライデンを出発、ブリッセルを経てパリに至る。パリで五代友厚、森有礼等に会う。福地源一郎と交わり、マルセィユより出発。12・28横浜着。	5月第二次長州征伐の予定。8月第十四代将軍徳川家茂死。
二	一八六六	38	3・13幕府直参に列し、開成所教授職となる。百俵二〇人扶持。9・25徳川慶喜に招かれ、津田真道らとともに京師に着く。12月フィセリング口述の『万国公法』を訳し、幕府へ献ず。	1月薩長同盟成立。6月第二次長州征伐開戦。12月慶喜第十五代将軍となる。孝明天皇没。
三	一八六七	39	2月四条大宮西入更雀寺に私塾を開く。『百一新論』の講義をする。3月慶喜にフランス語を教授する。下旬、慶喜に従い大坂に行く。5月奥詰並となり、外交文書を手がける。10月慶喜に召され、二条城へ。大政奉還に立ち会う。慶喜に、英国の議院制度と三権分立について質問を受ける。11月慶喜のために『議題草案』（大政奉還後の政治体制案）を起草。12・22慶喜の京都退去にともなって周助も大坂へ。	1月明治天皇即位。8月〜11月中部・関西に「ええじゃないか」踊りひろがる。10月慶喜、将軍職を返上。大政奉還成る。11月坂本龍馬、中岡慎太郎殺害される。12月王政復古の宣言。

明治元 四	一八六八	40	1・1目付となる。鳥羽伏見の戦い始まる（1・3〜6）慶喜江戸へ敗走。周助、大坂から和歌山へ。そこで傷病兵取締となり、由良からヘルマン号に会津藩兵と共に乗船し、江戸着（1・21）。会津藩上屋敷に入る。2・12奥詰になり、東叡山の慶喜の元に詰め、4・15慶喜に従い水戸に行く。『万国公法』刊。5・15彰義隊の乱に会う。落人をかくまう。10月江戸を出発し、沼津へ赴く。兵学校頭取を命ぜられる。	1月上旬鳥羽伏見の戦い。6日慶喜江戸へ。3月西郷と勝の会談で江戸開城の約。五ヵ条の誓文。4月江戸城無血開城。5月奥羽越列藩同盟成立。彰義隊の乱。9月会津藩降伏。12月沼津兵学校設立。
二	一八六九	41	2・16林洞海の六男紳六郎を養子とする。11月百日の休暇をもらって津和野に帰着する。西周助を西周と改める。	5月函館五稜郭の戦い終る。6月版籍奉還。7月兵部省設置。
三	一八七〇	42	2・1旧藩主亀井茲監の求によって「文武学校基本並規則書」を書く。津和野にて国学者某を批判した「復某氏書」を書く。2・9兵部省小丞准席（翻訳局）となり、大学の学制取調御用掛を兼ねる。11月自邸内に私塾「育英舎」を開き、『百学連環』を講義する。	8月山県有朋欧州より帰国、軍制改革。10月兵制統一布告、海軍は英式、陸軍は仏式に。
四	一八七一	43	8・15兵部大丞になる。宮内省侍読となる。9・5御前進講（「英国史」）。9・10「博物新篇」進講。	7月廃藩置県。8月四鎮台を設置。

五	一八七二	44	2・30陸軍大丞となる。	2月兵部省から陸海軍二省へ。8月学制頒布。9月新橋横浜間の鉄道開通。この年、福沢諭吉の『学問のすすめ』(七六まで)。
六	一八七三	45	3・31陸軍省第一局第六課長。	1月六鎮台制、徴兵令。
七	一八七四	46	2月明六社に加盟。3月『百一新論』刊。5月兵語辞書編輯校正掛を兼ねる。6月参謀局第三課長。7月『致知啓蒙』(和家版)刊。3月以降の「明六雑誌」に、「洋字をもって国語を書するの論」「非学者職分論」「駁旧相公議一題」「教門論」「煉火石造の説」「知説」「愛敵論」「情実論」「秘密説」「内地旅行」を発表。	1月「民選議院設立建白書」左院に提出される。2月佐賀の乱、5月台湾征討軍、台湾上陸。6月北海道に屯田兵制度。
八	一八七五	47	引き続き『明六雑誌』に、「網羅議院の説」「国民気風論」「人生三宝説」(未完成)を発表。なお「明六雑誌」は11月四三号をもって廃刊。4月ヘブン『心理学』上巻中巻刊。	2月大久保利通・木戸孝允・板垣退助、大阪で会談、意見一致(大阪会議)。6月ザンボウ律・新聞紙条例。9月江華島事件起る。
九	一八七六	48	1・19宮内省御用掛となる。9月ヘブン『心理学』下巻翻訳出版。10月宮中御談会にて「仏帝ナポレオンの露国侵入」を講演。	6月〜7月天皇東北視察。10月熊本神風連の乱、秋月の乱。

一〇	一八七七	49	1・12参謀局第三課長兼第一局第五課長。5月J・S・ミルの『利学』を翻訳出版。6月東京大学三学部講義室で「演説会の説」演説。7月東京大学卒業式で演説。	2月西郷隆盛ら兵を率いて鹿児島を出発（西南戦争開始）。4月開成所と医学校を併せて、東京大学を開設。9月西南戦争終る。
十一	一八七八	50	2・19燕喜会において「兵家徳行」を講演。5・21まで四回。9・15燕喜会において「兵賦論」を講演。以後、この講演三ヶ年続く。10月「軍人訓誡草稿」を作成。「訓誡」頒布。12月参謀本部出仕。すぐ依願退職。	8月近衛兵約二百数十名、反乱を起す（竹橋騒動）。12月参謀本部を設置。
十二	一八七九	51	1・9参謀本部出仕を再命。1月東京学士会院の会員に選ばれる。6月東京学士会院会長に選ばれる。11月学士会院で演説「日本文学社創始の議」、12月学士会院会長に重任。	
十三	一八八〇	52	6月学士会院会長に三選。12月参謀本部御用掛となる。この年、「軍人勅諭」草案起稿。	
十四	一八八一	53	6月東京師範学校校長となる。10月獨逸学協会学校（獨協学園）校長となる。（明治20年4月まで）11月東京師範学校に道徳学を置く。	7月北海道官有物払下事件。9月獨逸学協会設立。10月詔勅により国会明治二三年開設。参議大隈免官（明治十四年の政変）。

十五	一八八二	54	3月「尚白剳記」。5月元老院議官に任ぜられる。6月学士会院会長に再再任。8月イエリングの『権利争闘論』を訳す。この年、山県有朋に委嘱され、「私擬憲法草案」を起草する。	1月軍人勅諭発布。3月伊藤博文ら憲法調査のため西欧へ出発。7月京城に反日暴動（壬午事変）。11月民衆の自由民権運動のスタートをなす「福島事件」起る。
十六	一八八三	55	4月宮内省御用掛兼務で、「大政紀要」編纂局編輯委員長となる。12月「大政紀要」成る。6月学士会院会長。	
十七	一八八四	56	5月学士会院で「論理新説」演説。8月中旬森鷗外渡独の挨拶に来る。	2月大山巌陸軍卿に随行し、桂太郎も西欧兵制視察へ出発。以後、陸軍を仏式から独式へ。12月京城に甲申事変起る。
十八	一八八五	57	6月学士院会長。この前後、独逸協会の会合盛んに行なわれる。10月メッケル来日。その原稿翻訳におおわらわ。11月脳疾で人事不省となり、桂太郎、山県有朋の命を受けて来訪。後、蘇生。	12月太政官制度から内閣制度へ伊藤博文内閣設立。
十九	一八八六	58	1月文部省御用掛を退任。参謀本部御用掛も退任。2月山県有朋来訪して労をねぎらう。6月学士会院会長の任も満了。	

二一	一八八八	60	勲二等旭日重光章授賞。	5月鎮台を師団編成に改編。
二二	一八八九	61	3・6森鷗外、西周夫妻の媒酌で海軍中将男爵赤松則良の長女登志子と結婚。主賓は榎本武揚。4月西周、仙台や松島に遊ぶ。8月東海道線で京都、大阪へ。途中、静岡で徳川慶喜に謁す。10月「理の字の説」を発表。	2・11帝国憲法発布。文相森有礼刺され死亡。7・1新橋〜神戸間の東海道本線開通。
二三	一八九〇	62	5月身体麻痺するも回復する。9月貴族院議員に勅選。10月森鷗外、一児森於菟をなして、登志子と離婚。西周面目を失う。	7月第一回総選挙。10・30教育勅語発布。11・21帝国議会開会。
二四	一八九一	63	2月貴族院議員を辞退する。8月旧会津藩士広沢安任の訃報に接し、深く慨嘆。	
二五	一八九二	64	7月大磯の別荘に移る。歩行困難。	
二六	一八九三	65	10月元老院非職の期も満了。	
二七	一八九四	66	5月この頃より、まったく戸外に出られず。	8月日清戦争始まる。
	一八九五			4月日清講和条約調印。
三〇	一八九七	69	1・27勲一等瑞宝章授章。1・29男爵を授けられる。1・31勅使至る。紳六郎大声で知らせると、うなずく。午後九時三〇分永眠。2・6青山墓地に葬る。	12月第二次松方正義内閣崩壊。政界混乱。
三一	一八九八		11月森鷗外の『西周伝』出版。	1月第三次伊藤博文内閣成立。6月第一次大隈重信内閣成立。

11月第二次山県有朋内閣成立。

は　行

ま・や・ら行

事項索引

あ 行

か 行

さ 行

た 行

な 行

や　行

ら　行

人名索引

あ行

か行

さ行

《著者紹介》

清水多吉（しみず・たきち）

1933年　会津若松生まれ。
1958年　東京大学文学部哲学科卒業。
1960年　東京大学大学院（哲学専攻）修士課程修了。
　　　　立正大学教授，ニューヨーク・ホウフストラ大学客員教授，東京大学，名古屋大学，早稲田大学等での講師，社会思想史学会代表幹事を歴任。
現　在　立正大学名誉教授。
主　著　『1930年代の光と影』（河出書房新社，1977年）
　　　　『ヴァーグナー家の人々』（中公文庫，1980年）
　　　　『ベンヤミンの憂鬱』（筑摩書房，1984年）
翻　訳　ホルクハイマー『権威主義的国家』（紀伊國屋書店，1975年）
　　　　クラウゼヴィッツ『戦争論』（上下，中公文庫，2001年）他多数

ミネルヴァ日本評伝選
西《にし》　周《あまね》
――兵馬の権はいずこにありや――

2010年5月10日　初版第1刷発行　〈検印省略〉

定価はカバーに
表示しています

著　者　清　水　多　吉
発行者　杉　田　啓　三
印刷者　江　戸　宏　介

発行所　株式会社　ミネルヴァ書房
607-8494　京都市山科区日ノ岡堤谷町1
電話　(075)581-5191(代表)
振替口座　01020-0-8076番

共同印刷工業・新生製本

ISBN978-4-623-05774-0
Printed in Japan

刊行のことば

歴史を動かすものは人間であり、興趣に富んだ人間の動きを通じて、世の移り変わりを考えるのは、歴史に接する醍醐味である。

しかし過去の歴史学を顧みるとき、人間不在という批判さえ見られたように、歴史における人間のすがたが、必ずしも十分に描かれてきたとはいえない。二十一世紀を迎えた今、歴史の中の人物像を蘇生させようとの要請はいよいよ強く、またそのための条件もしだいに熟してきている。

この「ミネルヴァ日本評伝選」は、正確な史実に基づいて書かれるのはいうまでもないが、単に経歴の羅列にとどまらず、歴史を動かしてきたすぐれた個性をいきいきとよみがえらせたいと考える。そのためには、対象とした人物とじっくりと対話し、ときにはきびしく対決していくことも必要になるだろう。

今日の歴史学が直面している困難の一つに、研究の過度の細分化、瑣末化が挙げられる。それは緻密さを求めるが故に陥った弊害といえるが、その結果として、歴史の大きな見通しが失われ、歴史学を通しての社会への働きかけの途が閉ざされ、人々の歴史への関心を弱める危険性がある。今こそ歴史が何のためにあるのかという、基本的な課題に応える必要があろう。評伝という興味ある方法を通じて、解決の手がかりを見出せないだろうかというのも、この企画の一つのねらいである。

狭義の歴史学の研究者だけでなく、多くの分野ですぐれた業績をあげている著者たちを迎えて、従来見られなかった規模の大きな人物史の叢書として、「ミネルヴァ日本評伝選」の刊行を開始したい。

平成十五年（二〇〇三）九月

ミネルヴァ書房

竹崎季長　堀本一繁
西行　光田和伸
藤原定家　赤瀬信吾
*京極為兼　今谷明
*兼好　島内裕子
重源　横内裕人
*運慶　根立研介
法然　今堀太逸
慈円　大隅和雄
明恵　西山厚
親鸞　末木文美士
恵信尼・覚信尼　西口順子
覚如　今井雅晴
道元　船岡誠
叡尊　細川涼一
*忍性　松尾剛次
*日蓮　佐藤弘夫
一遍　蒲池勢至
夢窓疎石　田中博美
*宗峰妙超　竹貫元勝

南北朝・室町

後醍醐天皇　上横手雅敬
護良親王　新井孝重
*北畠親房　岡野友彦
楠正成　兵藤裕己
*新田義貞　山本隆志
光厳天皇　深津睦夫
足利尊氏　市沢哲
佐々木道誉　下坂守
円観・文観　田中貴子
足利義満　川嶋将生
足利義教　横井清
大内義弘　平瀬直樹
伏見宮貞成親王　松薗斉
山名宗全　山本隆志
日野富子　脇田晴子
世阿弥　西野春雄
雪舟等楊　河合正朝
宗祇　鶴崎裕雄
*満済　森茂暁
一休宗純　原田正俊

戦国・織豊

北条早雲　家永遵嗣
毛利元就　岸田裕之
*今川義元　小和田哲男
*武田信玄　笹本正治
武田勝頼　笹本正治
*真田氏三代　笹本正治
三好長慶　仁木宏
宇喜多直家・秀家　渡邊大門
*上杉謙信　矢田俊文
吉田兼倶　西山克
山科言継　松薗斉
*雪村周継　赤澤英二
織田信長　三鬼清一郎
豊臣秀吉　藤井讓治
*北政所おね　田端泰子
*淀殿　福田千鶴
前田利家　東四柳史明
黒田如水　小和田哲男
蒲生氏郷　藤田達生
*細川ガラシャ　田端泰子
伊達政宗　伊藤喜良
*支倉常長　田中英道
ルイス・フロイス　エンゲルベルト・ヨリッセン
*長谷川等伯　宮島新一
顕如　神田千里

江戸

徳川家康　笠谷和比古
徳川吉宗　横田冬彦
*後水尾天皇　久保貴子
光格天皇　藤田覚
崇伝　杣田善雄
春日局　福田千鶴
池田光政　倉地克直
シャクシャイン　岩崎奈緒子
*田沼意次　藤田覚
*二宮尊徳　小林惟司
末次平蔵　岡美穂子
高田屋嘉兵衛　生田美智子
林羅山　鈴木健一
吉野太夫　渡辺憲司
中江藤樹　辻本雅史
山崎闇斎　澤井啓一
山鹿素行　前田勉
*北村季吟　島内景二
貝原益軒　辻本雅史
松尾芭蕉　楠元六男
*ケンペル　B・M・ボダルト＝ベイリー
荻生徂徠　柴田純
雨森芳洲　上田正昭
前野良沢　松田清
平賀源内　石上敏
本居宣長　田尻祐一郎
杉田玄白　吉田忠
上田秋成　佐藤深雪
木村蒹葭堂　有坂道子
*大田南畝　沓掛良彦
菅江真澄　赤坂憲雄
*鶴屋南北　諏訪春雄
良寛　阿部龍一
*山東京伝　佐藤至子
*滝沢馬琴　高田衛
平田篤胤　川喜田八潮
シーボルト　宮坂正英
本阿弥光悦　岡佳子
小堀遠州　中村利則
狩野探幽・山雪　山下善也
尾形光琳・乾山　河野元昭
*二代目市川團十郎　田口章子
与謝蕪村　佐々木丞平
伊藤若冲　狩野博幸
鈴木春信　小林忠
円山応挙　佐々木正子
*佐竹曙山　成瀬不二雄

葛飾北斎　岸　文和
酒井抱一　玉蟲敏子
孝明天皇　青山忠正
*和　宮　辻ミチ子
徳川慶喜　大庭邦彦
島津斉彬　原口　泉
*古賀謹一郎　小野寺龍太
*栗本鋤雲　小野寺龍太
*月　性　海原　徹
*吉田松陰　海原　徹
*高杉晋作　海原　徹
オールコック　佐野真由子
アーネスト・サトウ　奈良岡聰智
冷泉為恭　中部義隆

近代

*明治天皇　伊藤之雄
*大正天皇　F・R・ディキンソン
昭憲皇太后・貞明皇后　小田部雄次
大久保利通　三谷太一郎
山県有朋　鳥海　靖
木戸孝允　落合弘樹
井上　馨　伊藤之雄
*松方正義　室山義正
北垣国道　小林丈広
板垣退助　小川原正道
大隈重信　五百旗頭薫
伊藤博文　坂本一登
井上　毅　大石　眞
井上　勝　老川慶喜
*桂　太郎　小林道彦
*乃木希典　佐々木英昭
林　董　君塚直隆
児玉源太郎　小林道彦
*高宗・閔妃　木村　幹
山本権兵衛　室山義正
高橋是清　鈴木俊夫
小村寿太郎　簑原俊洋
*犬養　毅　小林惟司
加藤高明　櫻井良樹
加藤友三郎・寛治　麻田貞雄
田中義一　黒沢文貴
平沼騏一郎　堀田慎一郎
宇垣一成　北岡伸一
宮崎滔天　榎本泰子
*浜口雄幸　川田　稔
幣原喜重郎　西田敏宏
関　一　玉井金五
広田弘毅　井上寿一
安重根　上垣外憲一
グルー　廣部　泉
永田鉄山　森　靖夫
東條英機　牛村　圭
今村　均　前田雅之
蔣介石　劉　岸偉
石原莞爾　山室信一
木戸幸一　波多野澄雄
岩崎弥太郎　武田晴人
伊藤忠兵衛　末永國紀
五代友厚　田付茉莉子
大倉喜八郎　村上勝彦
安田善次郎　由井常彦
渋沢栄一　武田晴人
山辺丈夫　宮本又郎
武藤山治　阿部武司・桑原哲也
小林一三　橋爪紳也
大倉恒吉　石川健次郎
大原孫三郎　猪木武徳
*河竹黙阿弥　今尾哲也
イザベラ・バード　加納孝代
*林　忠正　木々康子
森　鷗外　小堀桂一郎
二葉亭四迷　ヨコタ村上孝之
巌谷小波　千葉信胤
樋口一葉　佐伯順子
島崎藤村　十川信介
泉　鏡花　東郷克美
有島武郎　亀井俊介
永井荷風　川本三郎
北原白秋　平石典子
菊池　寛　山本芳明
宮澤賢治　千葉一幹
正岡子規　夏石番矢
高浜虚子　坪内稔典
与謝野晶子　佐伯順子
*種田山頭火　村上　護
斎藤茂吉　品田悦一
*高村光太郎　湯原かの子
萩原朔太郎　エリス俊子
原阿佐緒　秋山佐和子
*狩野芳崖・高橋由一　古田　亮
竹内栖鳳　北澤憲昭
黒田清輝　高階秀爾
中村不折　石川九楊
横山大観　高階秀爾
*橋本関雪　西原大輔
小出楢重　芳賀　徹
土田麦僊　天野一夫
岸田劉生　北澤憲昭
松旭斎天勝　川添　裕
中山みき　鎌田東二
ニコライ　中村健之介
出口なお・王仁三郎　川村邦光
島地黙雷　阪本是丸
*新島　襄　太田雄三
木下広次　冨岡　勝
嘉納治五郎　クリストファー・スピルマン
*澤柳政太郎　新田義之
河口慧海　高山龍三
山室軍平　室田保夫
大谷光瑞　白須淨眞
*久米邦武　髙田誠二
フェノロサ　伊藤　豊

三宅雪嶺　長妻三佐雄
内村鑑三　新保祐司
*岡倉天心　木下長宏
志賀重昂　中野目徹
徳富蘇峰　杉原志啓
竹越與三郎　西田　毅
内藤湖南・桑原隲蔵　礪波　護
岩村　透　今橋映子
西田幾多郎　大橋良介
喜田貞吉　中村生雄
上田　敏　及川　茂
柳田国男　鶴見太郎
厨川白村　張　競
大川周明　山内昌之
折口信夫　斎藤英喜
九鬼周造　粕谷一希
辰野　隆　金沢公子
シュタイン　瀧井一博
*福澤諭吉　平山　洋
*西　周　清水多吉
福地桜痴　山田俊治
中江兆民　田島正樹
田口卯吉　鈴木栄樹
*陸　羯南　松田宏一郎
黒岩涙香　奥　武則

宮武外骨　山口昌男
*吉野作造　田澤晴子
野間清治　佐藤卓己
山川　均　米原　謙
岩波茂雄　十重田裕一
北　一輝　岡本幸治
杉　亨二　速水　融
*北里柴三郎　福田眞人
田辺朔郎　秋元せき
*南方熊楠　飯倉照平
寺田寅彦　金森　修
石原　純　金子　務
J・コンドル　鈴木博之
辰野金吾　河上真理・清水重敦
小川治兵衛　尼崎博正

現代

昭和天皇　御厨　貴
高松宮宣仁親王　後藤致人
*李方子　小田部雄次
吉田　茂　中西　寛
マッカーサー　柴山　太

重光　葵　武田知己
池田勇人　中村隆英
和田博雄　庄司俊作
朴正熙　木村　幹
竹下　登　真渕　勝
*松永安左エ門　橘川武郎
鮎川義介　井口治夫
出光佐三　橘川武郎
松下幸之助　米倉誠一郎
渋沢敬三　井上　潤
本田宗一郎　伊丹敬之
井深　大　武田　徹
佐治敬三　小玉　武
幸田家の人々　金井景子
*正宗白鳥　大嶋　仁
大佛次郎　福島行一
*川端康成　大久保喬樹
薩摩治郎八　小林　茂
松本清張　杉原志啓
安部公房　成田龍一
三島由紀夫　島内景二
R・H・ブライス　菅原克也

金素雲　林　容澤
柳　宗悦　熊倉功夫
バーナード・リーチ　鈴木禎宏
イサム・ノグチ　酒井忠康
川端龍子　岡部昌幸
藤田嗣治　林　洋子
*井上有一　海上雅臣
*手塚治虫　竹内オサム
山田耕筰　後藤暢子
古賀政男　藍川由美
*吉田　正　金子　勇
武満　徹　船山　隆
*力道山　岡村正史
美空ひばり　朝倉喬司
植村直巳　湯川　豊
*西田天香　宮田昌明
安倍能成　中根隆行
G・サンソム　牧野陽子
和辻哲郎　小坂国継
青木正児　井波律子
矢代幸雄　稲賀繁美
石田幹之助　岡本さえ
*平泉　澄　若井敏明

安岡正篤　片山杜秀
島田謹二　小林信行
前嶋信次　杉田英明
竹山道雄　平川祐弘
保田與重郎　谷崎昭男
福田恆存　川久保剛
井筒俊彦　安藤礼二
佐々木惣一　松尾尊兊
*瀧川幸辰　伊藤孝夫
矢内原忠雄　等松春夫
福本和夫　伊藤　晃
*フランク・ロイド・ライト　大久保美春
大宅壮一　有馬　学
清水幾太郎　竹内　洋
今西錦司　山極寿一

*は既刊
二〇一〇年三月現在